예수는 누구인가?

예수는 누구인가?

지은이 | 조정민
초판 발행 | 2018. 3. 21
23쇄 발행 | 2024. 12. 31
등록번호 | 제1988-000080호
등록된 곳 | 서울특별시 용산구 서빙고로65길 38
발행처 | 사단법인 두란노서원
영업부 | 2078-3352   FAX | 080-749-3705
출판부 | 2078-3331

책값은 뒤표지에 있습니다.
ISBN 978-89-531-3100-2 03230

독자의 의견을 기다립니다.
tpress@duranno.com   www.duranno.com

두란노서원은 바울 사도가 3차 전도여행 때 에베소에서 성령 받은 제자들을 따로 세워 하나님의 말씀으로 양육
하던 장소입니다. 사도행전 19장 8-20절의 정신에 따라 첫째 목회자를 돕는 사역과 평신도를 훈련시키는 사역,
둘째 세계선교(TIM)와 문서선교 (단행본잡지) 사역, 셋째 예수문화 및 경배와 찬양 사역, 그리고 가정·상담 사역 등을
감당하고 있습니다. 1980년 12월 22일에 창립된 두란노서원은 주님 오실 때까지 이 사역들을 계속할 것입니다.

예수는
누구인가?

**예수가
하나님임을 증거하는**
8가지 조각들

조정민
지음

Who is
Jesus?

두란노

목차

예수님이 직접 밝힌
자기소개이자 하나님 선언

평생 함께 살던 배우자에게서 난데없는 질문을 받을 때가 있습니다. "당신 정말 나를 알아?" 곱씹어야 할 질문입니다. 이 질문은 재미로 던지는 것이 아닙니다. 실제 이 질문에 담긴 마음은 서운함입니다. 때로는 분노입니다. 그런데 왜 이런 질문을 받습니까? 배우자의 마음과 떨어져도 한참 떨어진 나의 말과 행동 때문입니다.

예수님은 오늘날의 교회를 보면 어떤 마음이 드실까요? 스스로 크리스천이라고 굳게 믿고 살지만 예수님의 마음과는 멀어져도 한참 멀어진 우리의 말과 행동을 보면서 무슨 생각을 하실까요? 어떤 종교인들보다 이기적인 삶의 태도는 대체 어디서 비롯된 것일까요? 유난히 심해진 개교회주의는 대체 예수님과 무슨 상관이 있을까요? 왜 이토록 예수님과 멀어지는 걸까요? 예수님 이야기를 직접 듣지 않아서입니다. 예수님에 관해 잘못 들은 이야기들로 머릿속이 가득하기 때문입니다.

사람이 누군가를 소개하는 것은 쉬운 일이 아닙니다. 어쩌면 그 사람을 바라보는 나를 소개하고 있는지도 모릅니다. 그래서 소개만으로 사람을 평가하지 않고 직접 대면해서 확인해 봐야 합니다. 사람을 사귈 때도 그렇고 일터에서 사람을 뽑을 때도 그렇습니다. 하물며 하나님에 대한 소개는 어떻게 받아들여야 합니까? 물론 사람을 통해 듣는 이야기가 도움이 될 수 있습니다. 그러나 지극히 조심스러운 일입니다. 누가 하나님을 다 알기에 소개할 수 있습니까? 아무리 열심히 소개해도 그 소개는 자신의 하나님 인식에 기초한 극히 제한된 인상일 뿐입니다.

예수님은 하나님에 대한 오해와 그릇된 소개를 더 이상 지나칠 수 없게 되었을 때 직접 이 땅에 오셨습니다. 3년간 제자들과 함께 다니면서 하나님을 보여 주고 들려주셨습니다. 떠나실 때가 되자 하나님 아버지께 들은 것을 다 전했다고 하셨습니다. 이제 족하다는 말씀입니다. 예수님이 직접 전해 주신 말씀으로 충분하다는 뜻입니다.

사도 요한은 다른 사도들과 달리 예수님이 말씀하신 예수님, 스스로 하나님임을 선언하신 하나님께 주목합니다. 그는 더없이 큰 귀를 열어 지축을 울리는 예수님의 예수님 선포, 하나님의 하나님 선포에 전율합니다. 그리고 사뭇 다른 복음을 기록합니다. 참으로 놀라운 기록입니다. 예수님의 하나님 되심을 부인할 수 없는 기록입니다.

예수님을 아는 것이 기독교 신앙의 전부입니다. 첫 단추를 예수님과 꿰는 것이야말로 바른 신앙의 핵심입니다. 예수님께 직접 듣는 것이야말로 하나님을 아는 지름길입니다. 이 책은 새신자와 구도자들에게 예수님을 알려주고자 쓴 것입니다. 사람의 말로 가감된 예수가 아니라 예수님 스스로 밝힌 자기소개이자 하나님 선언입니다. 단 한 사람이라도 예수님을 바로 알게 된다면, 단 한 사람이라도 더 예수님께 돌이키게 된다면 더없이 감사

한 일입니다.

두란노 가족에게 깊은 감사를 전합니다. 사명으로 힘든 길을 마다하지 않는 두란노 가족 모두가 믿음의 형제요 자매입니다. 주님 앞에 서는 날 비로소 그 상급이 무엇인지를 확인할 것입니다. '예수는 누구인가?'에 대한 궁금증이 조금이라도 덜어진다면 그 기쁨은 영원할 것입니다.

2018년 부활절을 앞두고
마음 가득히 주님을 사랑하며
조정민

1

생명의 떡

예수님은 종교가 아니라 생명이다

예수님이 직접
자신을 말씀하신다

'인간으로 오신 예수가 어떻게 하나님일 수 있는가?' 이 의문은 예수님 시대나 지금이나 사람들이 동일하게 묻는 질문입니다. 세상의 어떤 상식과 논리로도 동의하기 어렵고, 어떤 이성과 지성으로도 예수를 하나님이라고 받아들이는 신앙에 선뜻 동의가 되지 않기 때문입니다. 그래서 예수를 제대로 믿지 못하는 것이 실은 너무나 당연합니다. 오히려 그냥 다 믿어진다는 것이 이상하고도 비정상적인 일입니다.

기독교의 본질은 예수님입니다. 기독교는 예수님이 전부입니다. 예수님 이상도 이하도 아닙니다. 예수님이 누구인지를 알면 신앙은 쉽고 단순해지지만 예수님을 모르면 신앙이 힘들고 복잡해집니다. 예수님에게 직접 들으면 신앙은 너무 쉽고 분명해지지만 예수님을 안다는 사람들에게서 들으면 들을수록 복잡하고 불분명합니다. 신앙의 본질이 차고 흘러넘치는 것이라면, 종교는 시간이 지날수록 비본질의 두께가 두터워져서 무거운 짐이 되는 것입니다.

저는 1970년대에 회사에 입사한 뒤 좀 심하게 고생했습니다. 회사는 나를 위해 존재하는 것이 아닌데 당시 회사가 나를 위해 존재하는 것으로 착각했습니다. 그래서 제가 보기에 부당하다는 생각이 들면 윗사람들과 따져서 바꿔보겠다고 항변했습니다. 하지만 회사 역시 그 조직이 마음껏 쓸 수 있는 사람으로 저를 바꾸려 했습니다. 그러니 번번이 부딪칠 수밖에 없고 회사 생활은 점점 저를 지치게 만들었습니다.

성경은 일종의 신입사원 안내 지침서라고 할 수 있습니다. 성경은 신앙에 첫발을 내디딜 때 반드시 알아 둬야 할 지침서입니다. 읽고 또 읽어서 숙지해야 합니다. 성경을 알면 고생을 덜할 것이고 모르면 이유도 모른 채 고생하게 될 것입니다.

성경은 일관되게 예수님을 가리키고 있습니다. 구약은 그분이 오신다, 반드시 오신다, 왜 오셔야 하느냐를 말하고 있고, 신약은 그 이야기 끝에 오셨다, 어떻게 오셨다, 왜 오셨냐를 말하고 있습니다. 특히 요한복음은 예수님이 당신 자신을 선포하는 메시지로 가득합니다. 예수님 이야기는 예수님에게서 직접 듣는 게 가장 정확합니다. 당신은 예수님이 말씀하시는 것을 직접 듣고 있습니까, 아니면 다른 사람을 통해 예수님을 설명하는 말을 듣고 있습니까?

사람은 말의 지배를 받습니다. 누구 이야기를 먼저 듣느냐에 따라 생각이 달라지고 판단이 달라지고 인생이 달라집니다. 인생의 승부는 간단합니다. 그 사람 눈과 귀를 먼저 점령하는 사람이 이깁니다. 그래서 책이 무섭고 영상이 더 무서운 것입니다.

전쟁도 언제나 눈과 귀를 점령하는 쪽으로 승패가 기울게 되어 있습니다. 왜 괴벨스는 나치 독일의 선전 선동에 올인했습니까? 사람들의 눈과 귀를 선점하는 것이 고지를 먼저 점령하는 것보다 더 중요한 까닭이지요. 왜 군대는 레이더와 감청장치 개발에 열심입니까? 눈과 귀를 선점하겠다는 것이지요. 북한이 왜 풍선을 이용한 전단지 살포를 그토록 막으려고 합니까? 북한 주민들의 눈과 귀를 빼앗길 수 있다는 두려움 때문이지요. 미국이 왜 소니픽처스사 해킹 사건과 관련해서 그토록 강력한 대북 행정지침을 내놓았습니까? 타국이 자국민의 눈과 귀를 가리려 드는 것을 용납할 수 없기 때문이지요.

예수님을 믿는 사람들이 이렇게 많은데 왜 예수 믿지 않는 사람들과 별로 다르지 않습니까? 예수님 이야기를 직접 듣지 않고 예수님 이야기하는 사람들한테 들으려고 하기 때문입니다.

사람의 말은 아무리 사소한 것이라도 그가 갖고 있는 오해와 편견이 섞이게 마련입니다. 사람의 말에만 의지하면 길을 놓치기 쉽습니다. 예수님 이야기는 예수님에게 직접 들어야 오해가 없습니다.

설교를 듣고 말씀을 배우더라도 다시 한 번 말씀을 꼼꼼히 살펴야 합니다. 베뢰아 교회 성도들은 바울의 설교를 듣고 그 말이 성경 말씀대로인가 아닌가를 확인했습니다.

> 베뢰아에 있는 사람들은 데살로니가에 있는 사람들보다 더 너그러워서 간절한 마음으로 말씀을 받고 이것이 그러한가 하여 날마다 성경을 상고하므로 행 17:11

베뢰아 교회 성도들의 성품이 데살로니가 교회 성도들보다 더 훌륭했던 까닭은 말씀을 간절한 마음으로 받았거니와 말씀을 듣고 돌아가 날마다 상고했기 때문입니다. 사도 바울의 말씀을 듣고도 그러한가 확인했다면 오늘날 우리 성도들은 어떠해야겠습니까? 목사들의 설교를 듣고 그냥 넘어가는 일은 심각한 문제를 예고합니다. 말씀을 들으면 집에 돌아가 본문을 찬찬히 읽어 보면서 설교자가 과연 성경의 앞뒤 문맥에 맞는 설교를 한 것인가 아닌가 검토해야 할 책임이 주어진 것입니다.

베뢰아 교회 성도들이 그렇게 했더니 성품이 달라졌다고 성경은 말하고 있습니다. 말씀이 성품을 빚습니다. 오늘날 우리가 달라지지 않는 이유는 주일에 교회에 와서 말씀은 들으나 상고 하지 않기 때문입니다. 집에 돌아가 말씀을 성경에 비추어 보지 않기 때문입니다.

하나님의 이름
'I AM WHO I AM'

요한복음 6장 30-40절에서 예수님은 하나님이 누구신지를 가르치고 있습니다. 먼저 출애굽기에서 하나님이 당신의 이름을 어떻게 호칭하시는지 살펴보겠습니다.

> 하나님이 모세에게 이르시되 나는 스스로 있는 자이니라 또 이르시되 너는 이스라엘 자손에게 이같이 이르기를 스 스로 있는 자가 나를 너희에게 보내셨다 하라
>
> God said to Moses, "I AM WHO I AM." And he said, "Say this to the people of Israel, 'I AM has sent me to you.'" 출 3:14, ESV

이 말씀을 받을 당시 모세는 아무 희망 없이 장인의 양 떼나 치면서 아들들을 키웠습니다. 인생에 소망이 없는 무기력한 상 태였습니다. 그날도 호렙산 기슭까지 갔다가 돌아서는 순간 이 상한 떨기나무를 발견합니다. 광야에서 흔히 볼 수 있는 것으로

나무라고 부르기엔 좀 초라한, 가시덤불 같은 나무입니다. 그 떨기나무에 불이 붙은 것 같았습니다. 광야의 뜨거운 햇빛에 덤불이 타는 경우는 종종 있습니다. 그런데 이상하게도 그 떨기나무는 타서 재가 되지 않고 여전히 불길 속에 그대로 있었습니다. 이를 이상하게 여긴 모세가 가까이 다가가자 음성이 들립니다.

"네 발에서 신을 벗으라."

도대체 광야 한가운데서 신을 벗으면 어떡합니까? 그러나 그곳이 어디건 하나님이 계신 곳이면 나를 내려놓아야 합니다. 나를 붙들고는 하나님을 못 만납니다. 내가 나의 정체성이라고 주장하는 것들에서 벗어나야 주인의 음성을 듣습니다.

대화 끝에 모세가 묻습니다.

"대체 제가 누구를 만났다고 그 이름을 애굽의 바로에게 말해야 합니까?"

"나는 스스로 있는 자니라."

에흐예 아세르 에흐예, I AM WHO I AM입니다. 미래 시제로 번역해도 무방합니다. I WILL BE WHO I WILL BE. 우리말로 '자존자'라는 뜻입니다. 스스로 존재하는 자입니다. 인간은 누구나 타력에 의해 존재합니다. 우리는 누구나 의존자입니다. 우리는 만물에 의존하고 만인에 의존합니다. 그러나 하나님은 누구에게도 의존하지 않으시는 분입니다. 그 하나님의 이름이 'I AM'입니다.

예수님은 공생애를 시작하면서 이 호칭을 쓰십니다. 요한복음에서 이 호칭으로 당신을 소개하십니다.

"I AM the bread of life"(나는 생명의 떡이니라).

세 가지

양식

예수님은 세 가지 양식을 일러주십니다.

첫째, 썩을 양식, 땅에서 나는 양식, 우리가 아무리 먹어도 다시 배고파지는 양식입니다. 한 끼만 굶어도 얼마나 고통스러운지 모릅니다. 문제는 이 양식을 구하기 위해 치열하게 살아야 한다는 것입니다. 이 양식 때문에 온갖 다툼과 갈등을 겪어야 합니다. 따지고 보면 숱한 싸움들이 양식 싸움입니다. 내가 더 잘 먹고 잘살겠다는 싸움입니다.

두 번째 양식은 만나입니다. 광야에서 이스라엘 백성이 먹었던 양식입니다. 하늘에서 내려왔다는 점에서 땅의 양식과 다릅니다. 하지만 아무리 먹어도 배고프고 다시 먹어야 한다는 점에서 같습니다. 다만 내 힘으로 수고하고 땀 흘려서 먹는 양식이 아닙니다. 만나는 하나님이 일방적으로 내려 주시는 양식으로 전적으로 하나님의 은혜입니다. 하나님이 먹는 것에 목숨 걸고 노예로 살던 이스라엘 백성들에게서 노예근성을 씻어 내기 위한 의식 교육용, 의식 개조용 특식입니다.

예수님은 이 양식에 대해 말씀하시기 전에 오병이어의 기적을 보여 주셨습니다. 광야에서처럼 만나를 내린 것은 아니나, 보리떡 다섯 개와 물고기 두 마리를 남자만 5천 명이 먹고도 남는 양식으로 불려 주셨습니다. 하나님은 원칙을 무너뜨리지 않지만 방법에 묶이지 않습니다. 늘 같은 방법을 쓰시지 않습니다. 하나님의 수는 무궁무진합니다. 사람에 따라, 시간과 장소에 따라 언제든지 다른 방법이 있습니다.

어쨌건 오병이어의 기적을 보고 사람들이 얼마나 놀랐겠습니까? 그 순간 희망을 보지 않았겠습니까? '아! 이분이구나!' '우리가 이분을 따라가면 살겠구나!' 사람들이 죽기 살기로 예수님을 따르고자 했습니다. 예수님을 왕으로 삼으면 먹고사는 문제는 해결되겠다 싶어 기를 쓰고 쫓아왔습니다. 오죽하면 예수님이 산으로 피했겠습니까?

> 26 예수께서 대답하여 이르시되 내가 진실로 진실로 너희에게 이르노니 너희가 나를 찾는 것은 표적을 본 까닭이 아니요 떡을 먹고 배부른 까닭이로다 27 썩을 양식을 위하여 일하지 말고 영생하도록 있는 양식을 위하여 하라 이 양식은 인자가 너희에게 주리니 인자는 아버지 하나님께서 인치신 자니라 요 6:26-27

요한복음에서 반복해서 쓰는 단어에 주목해야 합니다. 바로

'표적'입니다. 기적이라고 말하지 않습니다. 하나님께는 기적이 없습니다. 하나님께는 불가능이 없기 때문입니다. 인간의 눈에는 기적이나 하나님 눈에는 일상입니다. 그래서 요한은 표적이라고 말합니다. 표적은 하나님이 누구신지를 밝혀 주는 사인입니다. 사인은 우리의 필요를 채우기 위해서 베푸는 것이 아닙니다. 믿음의 눈을 뜨라는 사인입니다.

> 30 그들이 묻되 그러면 우리가 보고 당신을 믿도록 행하시는 표적이 무엇이니이까, 하시는 일이 무엇이니이까 31 기록된 바 하늘에서 그들에게 떡을 주어 먹게 하였다 함과 같이 우리 조상들은 광야에서 만나를 먹었나이다 요 6:30-31

앞에서 두 번째 양식 만나는 노예 의식 개조용 특식이라고 했습니다. 곰곰이 살펴보면 만나의 특징이 재미있습니다. 첫째, 하늘에서 내립니다. 둘째, 아침 일찍 걷어야 합니다. 해가 뜨면 없어집니다. 셋째, 그날 먹을 하루치만 걷어야 합니다. 더 걷어 봐야 상해서 못 먹습니다. 넷째, 안식일 전날에는 이틀치를 걷어야 합니다. 안식일에는 만나가 내리지 않기 때문입니다. 다섯째, 가나안 땅에 들어갔을 때 그쳤습니다. 훈련용 특식이기 때문입니다.

하나님은 어떤 의도로 이 훈련을 하신 걸까요?

첫째, 양식은 하나님이 주시는 것이지 바로가 주는 것이 아니라는 사실을 각인시키는 훈련입니다. 우리가 수고해서 번 월급은 하나님이 주시는 것이지 회사가 주는 것이 아닙니다. 회사는 월급이 들어오는 통로가 되었을 뿐입니다.

양식이 하나님에게서 오는 것이라면 누구를 위해 일해야겠습니까? 회사를 위해 일하는 것이 아니라 하나님을 위해 일해야 하지 않겠습니까? 하나님을 만나러 가듯 출근해야 하지 않겠습니까? 물론 회사 동료들에게 그렇게 말할 수는 없습니다. 그러나 하나님과 무관하게 살아가는 사람들과 다른 동기와 목적으로 출근해야 당연한 일 아닙니까?

둘째, 만나 훈련은 욕심내 봐야 소용없음을 가르치는 훈련입니다. 쌓아 봐야 무용지물입니다. 집 안만 어지럽고 상한 것 치우느라 사서 고생입니다.

셋째, 안식을 위한 양식이 있음을 아는 훈련입니다. 양식의 여유는 안식을 위한 것입니다. 탐욕을 위해 쌓아 두는 양식에는 안식이 없습니다.

연초만 되면 올해 얼마를 벌어야겠다는 목표를 세우는 사람이 있다고 합니다. 상반기에 목표치를 달성하면 하반기는 쉽답니다. 9월에 목표치가 달성되면 나머지 3개월을 쉬는 것이지요. 참 재밌는 사람이지 않습니까?

일해서 돈을 많이 번 다음 어딘가로 떠나는 것이 안식이 아닙니다. 먹고살기 위해 일하는 몸과 마음의 분주함을 내려놓는 것이 안식입니다. 탐욕을 내려놓는 것이 안식입니다. 자식에게 물려주기를 단념하는 것이 안식입니다.

예수님은 믿음으로
먹어야 한다

> 32 예수께서 이르시되 내가 진실로 진실로 너희에게 이르노니 모세가 너희에게 하늘로부터 떡을 준 것이 아니라 내 아버지께서 너희에게 하늘로부터 참 떡을 주시나니 33 하나님의 떡은 하늘에서 내려 세상에 생명을 주는 것이니라
> 요 6:32-33

예수님이 일러준 세 가지 양식 중 마지막은 생명의 양식입니다. 아버지께서 하늘로부터 참 떡을 주시는데 이 떡은 생명입니다. 이는 하나님이 곧 생명임을 가르쳐 줍니다. 이 생명은 헬라어로 '조에'입니다.

하나님은 생명입니다. 생명이라야 생명을 주시지요. 하나님은 생명의 근원입니다. 생명의 근원이라야 생명을 흘려보내지요. 하나님은 종교가 아닙니다. 나의 종교적 열심으로 살고 있습니까? 아닙니다. 하나님이 생명을 주시는 분이어서 살고 있습니

다. 내가 벌어서 먹고 사는 것입니까? 아닙니다. 먹는 것에 생명력이 있기 때문입니다. 왜 병이 듭니까? 많은 병이 생명력이 없는 음식을 먹기 때문에 생깁니다.

하나님의 첫 번째 정의는 생명입니다. 에덴동산 중앙에 있던 나무도 생명나무였습니다. 새 하늘과 새 땅에 있는 것도 이 생명나무입니다. 예수님이 왜 오셨습니까? 이 땅에 생명나무가 없고 생명의 떡이 끊어졌기 때문에 오셨습니다. 예수님이 생명의 떡으로 오셨음을 나타내는 표적이 바로 오병이어 사건입니다.

> 34 그들이 이르되 주여 이 떡을 항상 우리에게 주소서 35 예수께서 이르시되 나는 생명의 떡이니 내게 오는 자는 결코 주리지 아니할 터이요 나를 믿는 자는 영원히 목마르지 아니하리라 요 6:34-35

사람들이 날마다 떡을 달라 합니다. 먹고사는 수고에서 해방시켜 달라는 말입니다. 그러자 예수님이 나한테 오면 주리지 않을 것이라고 말씀하십니다. 사마리아 여인에게도 나를 믿으면 영원히 목마르지 않을 것이라고 하셨습니다.

문제는 무엇입니까? 믿지 않는 것입니다. 예수님을 만나지 않는 것입니다.

> 그러나 내가 너희에게 이르기를 너희는 나를 보고도 믿지
> 아니하는도다 하였느니라 요 6:36

생명의 양식은 믿음으로 먹는 것입니다. 예수님은 믿음으로
먹어야 합니다. 생명의 떡이니까요. 생명의 말씀이니까요.

> 나는 하늘에서 내려온 살아 있는 떡이니 사람이 이 떡을 먹
> 으면 영생하리라 내가 줄 떡은 곧 세상의 생명을 위한 내
> 살이니라 하시니라 요 6:51

예수님이 생명의 떡인 내 살을 먹으라 하십니다. 그러자 오
병이어 사건을 보고 꾸역꾸역 몰려들던 사람들이 마음이 불편해
져서 떠나갔습니다. "바로 이 사람이다!" 했다가 "이상한 사람이
다!" 하면서 떠나간 것입니다.

사람들이 떠나가는 것을 보고 예수님이 제자들에게 묻습니
다. "너희들도 떠나려느냐?" 베드로가 들은 대로 대답합니다. "영
생의 말씀이 주께 있는데 어디로 갑니까?" 그는 순간적으로 영생
의 떡이라고 표현하는 것을 주저했을 것입니다. 스승을 그렇게
표현하는 것이 불경스럽다고 생각했기 때문일 겁니다. 무슨 말
인지 정확하게 이해할 수 없으면서 예수님이 "내가 생명의 떡이
다"라고 한다고 무턱대고 "맞습니다. 생명의 떡입니다" 할 수 없

었습니다.

예수님은 이 말씀의 의미를 최후의 만찬 자리에서 밝혀 주셨습니다. "이 떡은 나의 몸이다, 이 잔은 나의 피다, 나의 생명이다, 생명은 먹어야 한다, 영생은 믿어야 한다"고 다시 일러주셨습니다. 신앙은 예수님을 먹고 마시는 것입니다. 예수님을 먹고 마시지 않으면, 그래서 그분이 내 안에 들어오시지 않으면 우리는 아무 능력도 발휘할 수 없습니다.

> 37 아버지께서 내게 주시는 자는 다 내게로 올 것이요 내게 오는 자는 내가 결코 내쫓지 아니하리라 38 내가 하늘에서 내려온 것은 내 뜻을 행하려 함이 아니요 나를 보내신 이의 뜻을 행하려 함이니라 39 나를 보내신 이의 뜻은 내게 주신 자 중에 내가 하나도 잃어버리지 아니하고 마지막 날에 다시 살리는 이것이니라 요 6:37-39

뭐든 다 받아 주고 거절하지 않는 데는 세상 어디에도 없습니다. 하지만 예수님은 어느 누구도 거절하지 않으십니다. 예수님은 '나한테 오는 사람은 아버지께서 보낸 사람들이기 때문에 내가 결코 내쫓지 않겠다' 하십니다. 다른 데 기웃거리지 말고 예수님께 직접 가십시오.

그러면서 예수님은 하늘에서 내려왔다는 중요한 비밀을 털

어놓습니다. 누군가 이런 말을 한다면 그는 제정신이 아니거나 사기꾼일 것입니다. 하지만 예수님의 말씀은 진리입니다.

예수님은 하늘에서 내려온 것이 자기 뜻이 아니라 하나님의 뜻이라고 합니다. 그리고 보내신 분의 뜻은 나한테 보내 주는 사람을 마지막 날에 다시 살리는 것이라고 그 목적을 알려 주십니다. 예수님 자신이 생명의 떡이라며 먹으라고 권하는 이유가 바로 이 때문입니다. 우리를 살리기 위해서입니다. 생명의 떡을 먹을 때 더 이상 허기지지 않고 이 세상 어느 것도 부럽지 않게 됩니다. 생명의 떡을 먹으면 너무나 기뻐서 받은 달란트로 열정을 가지고 살아가게 됩니다.

세상 것들에 목이 마르면 절대 크리스천으로 살 수 없습니다. 날마다 말씀을 먹고 내 안에 계신 예수님의 힘과 능력으로 살아내면 우리 삶 전체가 안식하게 됩니다. 돈 벌어 며칠 휴가 가는 게 안식이 아닙니다. 안식이란 영원한 것들이 예수님에게서 온다는 걸 믿고 잠시 쉼을 누리는 것입니다.

예수님은
매일 먹어야 하는 밥이다

예수님은 생명입니다. 그러나 모든 생명이 예수님은 아닙니다. 예수님은 영원한 생명입니다. 생명을 중시하고 생명을 전부로 여기나 예수님을 부인하는 사람들이 있습니다. 그런데 예수님을 믿으면서 생명을 가볍게 여기는 사람은 없습니다. 이 육신의 생명, '비오스'야말로 지금 예수님이 주시고자 하는 생명을 얻는 유일한 통로이기 때문입니다. 왜 인생이 중요합니까? 영생하는 생명, 조에를 얻을 수 있는 천금 같은 기회이기 때문입니다. 모든 보화를 팔아서 이 생명을 얻는 데 쓸 수 있는 유일한 기회이기 때문입니다.

육신의 생명을 또 다른 말로 '목숨'이라고 합니다. 아주 적절한 표현입니다. 목으로 넘어간 숨을 다시 내뱉지 못하면 죽습니다. 육신의 생명은 호흡지간입니다. 들숨과 날숨 사이입니다. 그렇게 연약한 목숨, 참으로 보잘것없는 육신의 생명을 대부분의 사람들이 죽지 않는 생명을 얻는 데 쓰지 않고 썩을 양식을 위해 쓰고 있습니다. 그렇게 생명이 다하고 나면 무엇이 남겠습니까? 가장 슬픈 노력은 육신의 생명이 꺼져갈 때 돈으로 그 목숨을 조금 더 연장하려는 것입니다. 영원한 생명을 이미 가진 사람이 왜 몇 번 더 호흡하는 생명에 매달리겠습니까?

> 내 아버지의 뜻은 아들을 보고 믿는 자마다 영생을 얻는 이
> 것이니 마지막 날에 내가 이를 다시 살리리라 하시니라 요
> 6:40

예수님을 믿고 영생을 얻는 것, 마지막 날에 다시 사는 것, 이

것이 예수님을 믿는 목적입니다. 그리고 그 믿음을 날마다 확인하는 것이 하나님의 일입니다.

> 28 그들이 묻되 우리가 어떻게 하여야 하나님의 일을 하오리이까 29 예수께서 대답하여 이르시되 하나님께서 보내신 이를 믿는 것이 하나님의 일이니라 하시니 요 6:28-29

예수님이 나중에 영생을 다시 정의해 주십니다.

> 영생은 곧 유일하신 참 하나님과 그가 보내신 자 예수 그리스도를 아는 것이니이다
>
> Now this is eternal life: that they may know you, the only true God, and Jesus Christ, whom you have sent 요 17:3, NIV

요한복음에서 예수님은 당신이 누구인지 알려 주십니다. 바로 생명의 떡이라는 것입니다. 우리나라 상황에 적용하면 예수님은 생명의 밥입니다.

하나님은 밥입니다. 하나님은 가끔 먹는 간식이 아니라 매일 먹는 주식입니다. 하나님은 날마다 우리가 먹어야 하는 밥입니다. 말씀은 우리가 날마다 먹어야 하는 생명입니다. 밥은 종교가 아닙니다. 예수님은 종교가 아닙니다. 예수님은 생명입니다. 예

수님은 생명의 떡입니다.

1. 예수님이 생명의 떡을 먹으라고 권하는 이유는 무엇입니까?

2. 나는 생명인 예수님에게 모든 관심을 집중합니까, 아니면 교회에서 누가 뭘 하나, 누가 어떻게 하나에 관심이 더 많습니까? 솔직히 나누어 보십시오.

세상의 빛

내 안에 예수님이 임하면 세상이 바뀐다

세상에서 가장 중요한 앎, 가장 고상한 앎이 있다면 그것은 무엇일까요? 예수 그리스도를 아는 앎입니다. 예수님을 아는 것이 왜 그토록 중요할까요? 그 앎이 곧 영생이기 때문입니다. 예수님은 만백성이 하나님을 잘 안다고 생각하는 유대 땅에 오셔서 하나님이 누구인지를 알려 주셨습니다. 하나님을 바로 알라고 하셨습니다.

예수님은
하나님을 알리는 빛이다

예수님은 생명의 떡입니다. 생명은 종교가 아닙니다. 생명을 지탱하게 하는 떡이나 빵이나 밥도 종교가 아닙니다.

예수님은 종교에 중독되어 그 생명을 잃어 가는 백성들에게 '나는 생명의 떡이다'라고 말씀하셨습니다. 그리고 예수님은 종교의 그늘에 가려진 백성들에게 '나는 세상의 빛이다'라고 말씀하셨습니다. 빛 역시 종교가 아닙니다. 많은 종교가 빛이나 불을 신성시하는데 그럼에도 빛은 종교가 아닙니다. 그런데 빛은 생명과 불가분입니다.

> 예수께서 또 말씀하여 이르시되 나는 세상의 빛이니 나를
> 따르는 자는 어둠에 다니지 아니하고 생명의 빛을 얻으리
> 라 요 8:12

이 말씀을 하기에 앞서 예수님은 간음한 한 여인을 구해 주셨습니다. 바리새인들이 간음 현장에서 붙잡힌 여인을 예수님 앞으로 데려와서 "선생님은 이 여인을 어떻게 하시겠습니까?" 하고 물었습니다. 모세의 율법은 간음한 여인을 돌로 치라고 되어 있는데 예수 당신은 어떻게 하겠느냐고 시험하는 질문입니다. 이때 예수님은 땅바닥에 무언가를 쓰시다가 채근하는 그들

을 향해 말씀하십니다. "죄 없는 자가 먼저 돌로 치라." 무슨 뜻입니까? '이 여인이 돌에 맞을 만한 죄를 저지른 건 사실이지만, 너희들 중 저 여인을 돌로 칠 자격이 있는 사람이 있느냐? 있다면 돌로 쳐라'라는 뜻입니다. 모두가 죄인인 세상 한가운데 서서 무죄하신 분이 무언으로 선포하십니다.

"죄인은 죄인을 정죄할 수 없다."

"인간은 인간을 정죄할 수 없다."

그러자 사람들이 하나둘씩 돌을 내려놓고 흩어졌고 간음한 여인만 남았습니다. 이때 예수님은 "더 이상 죄짓지 말라"면서 이어서 "나는 빛이다"라고 선포하셨습니다.

주님은 죄 짓지 말라 하셨지만 우리는 또다시 죄짓게 된다는 것을 잘 압니다. 다시 죄를 짓고 뼈저리게 후회해 본 경험도 있습니다. 아주 멀리 떠났다고 느껴 다시 돌아오지 않겠다고 포기해 버린 사람들도 적지 않습니다. 그렇다면 예수님이 불가능한 일을 무리하게 명령하신 것일까요? 아닙니다. 예수님은 어떻게 해야 우리가 다시 죄짓지 않을 수 있는지, 어떻게 해야 우리가 죄에서 벗어날 수 있는지 알려 주십니다. 그것은 바로 '나를 따르라'는 것입니다. 이미 제자들에게 하셨던 말씀입니다. 이번에는 빛을 따르라고 하십니다.

신앙의 길은 어둠을 따르지 않고 빛을 따르는 길입니다. 세상의 본질은 어둠입니다. 따라서 빛을 따르지 않으면 어둠 가운데 있는 것입니다. 혼돈과 흑암과 공허함 속에 있는 것입니다. 이때 하나님께서 "빛이 있으라" 명령하시면, 빛의 속도로 혼돈과 흑암과 공허가 사라지게 됩니다. 빛이 임하기 전까지 모든 인간은 너 나없이 다 '어둠의 자식'입니다. 아닌 척해도 소용없습니다. 빛이 오지 않으면 누구도 소망이 없고 미래가 없습니다. 캄캄한 동굴과 같은 삶에 무슨 소망이 있고 무슨 미래가 있겠습니까? 그러나 동굴 속이라도 빛이 임하면 소망이 싹트고 미래가 생깁니다.

낮보다 밤을 사랑하는 사람들이 있습니다. 어둠이 빛보다 편한 사람들이 있습니다. 밤을 새우고 아침에야 잠을 청하는 사람들이 있습니다. 그러나 그런 생활을 오래 하면 병듭니다. 생각이 병들고 몸이 병들고 인생이 병듭니다. 낮에 일하고 밤에 자는 것이 우리 몸에 가장 이상적입니다. 밝을 때 다니고 어두울 때 집에 머무는 것이 정상입니다. 빛은 모든 질서의 원천입니다. 빛은 혼돈 중에 질서를 만드는 능력입니다.

하나님은 빛입니다. 하나님의 속성이 빛입니다. 이 빛은 태양에서 오는 빛과 다릅니다. 전구에서 발광하는 빛과 다릅니다. 선지자 스가랴가 일찍이 예언한 그 빛입니다.

여호와께서 아시는 한 날이 있으리니 낮도 아니요 밤도 아니라 어두워 갈 때에 빛이 있으리로다 슥 14:7

하나님의 날은 낮도 아니고 밤도 아닙니다. 하나님의 시간은 밤낮이 아니고 24시간도 아닙니다. 인간의 시간은 해와 달의 빛으로 밤과 낮을 구분하지만, 새 빛은 낮의 해도 아니고 밤의 달도 아닙니다. 이 빛은 전혀 다릅니다. 청년 사울의 눈을 멀게 할 만큼 밝은 빛입니다. 그리고 하나님에 대해 가려져 있던 비늘을 벗겨 버리는 새로운 빛입니다.

예수님은 강렬한 빛입니다. 예수님이 왜 빛으로 오셨습니까? 사람들이 하나님의 기적을 수없이 보았고, 은혜를 헤아릴 수 없이 누렸지만 도로 어둠 속으로 들어갔기에 예수님은 오셔야 했습니다. 예수님은 하나님이 누구인지를 밝혀 주는 빛입니다. 예수님은 하나님에 대한 세상의 태도가 어두워 갈 때 빛으로 오셨습니다. 예수님은 온 세상이 하나님을 오해하고 하나님을 떠나면서 다시 어둠 속으로 잠겨 갈 때 이 세상을 밝히러 오셨습니다. 그러면 이 빛은 대체 어떤 속성을 지녔습니까?

예수님은
어떤 빛인가?

첫째, 이 빛은 분별입니다. 빛이 있어야 모든 것이 드러나므로 사물을 분간할 수 있습니다. 왜 방황하게 됩니까? 어둠 속이라 사물을 분간할 수 없고 방향을 분별하지 못하기 때문입니다.

예전에 보스턴에서 뉴욕으로 운전하고 가다가 방향을 놓쳐서 애먹은 적이 있습니다. 표지판이 분명 있었을 텐데 어두운 탓인지 놓쳐 버리고 딴에는 동쪽으로 간다고 갔는데 거의 한 시간이상 서쪽으로 가고 있었습니다. 뒤늦게 돌이키긴 했지만 고스란히 두 시간 이상 손해를 봤습니다. 덕분에 아침 일찍 도착하겠다는 계획이 틀어지고 말았지요.

운전이야 몇 시간 손해 보는 것으로 끝날 수 있지만 인생에서 길을 잃으면 어떻게 됩니까? 몇 년이 될지 혹은 몇 십 년이 될지도 모르는 세월을 허비해야 합니다. 자칫하다간 영원히 미아가 되어 인생을 방황만 하다가 끝나게 될지도 모릅니다.

> 9 예수께서 대답하시되 낮이 열두 시간이 아니냐 사람이 낮에 다니면 이 세상의 빛을 보므로 실족하지 아니하고 10 밤에 다니면 빛이 그 사람 안에 없는 고로 실족하느니라 요 11:9-10

우리가 밝을 때, 밝은 데로 다녀야 할 이유를 예수님은 실족하지 않기 위해서라고 알려 주십니다. 어두운 데 다니다 넘어지고, 눈이 어두워 넘어집니다. 사람 안에 빛이 없기 때문입니다. 어둠 속에서 속도는 중요하지 않습니다. 바른 방향인가가 중요합니다. 직장에서 빨리 승진하고 빨리 성공하는 것이 중요한 게 아니라 바른 방향으로 살고 있느냐가 중요합니다.

지인 중에 실제 나이가 호적상 나이보다 세 살 어린 사람이 있습니다. 성품도 느긋해서 안달하는 법이 없습니다. 직장에서도 동기들보다 한 발 두 발 늦게 승진했습니다. 그런데 퇴직도 남들보다 3년 늦게 했습니다. 승진이 빨랐던 동기들은 오히려 정년보다 일찍 퇴직해서 곤란을 겪었습니다.

그를 보면서 차라리 반걸음이라도 남보다 느리게 갈 각오를 하고 살자 싶었습니다. 속도를 내지 않아야 주변도 살펴볼 수 있습니다. 너무 속도를 내면 시야에서 주위가 지워집니다. 빛 가운데 걸어야 주변이 보입니다. 내 안에 빛이 들어와야 사람들이 보입니다.

둘째, 빛은 소망입니다. 빛 가운데 있어야 바르게 분별할 수 있고 그래야 바른 소망을 가질 수 있습니다. 어둠 속에서 꿈틀거리는 것은 야망과 탐욕입니다. 어둠 속에서 방황하는 사람들이 좇는 게 무엇인지 보십시오. 탐욕을 좇아 흔들리는 인생을 살아가지 않습니까?

아침 예배를 마치고 몇 사람이 어울려 식사를 하러 갔다가 술에 취해 몸도 가누지 못하는 청년을 보았습니다. 그 아침에 어째서 그 청년은 몸을 가누지 못할 만큼 취해 있는 걸까요? 꿈이 없기 때문입니다. 왜 밤새 어둠 속에서 춤을 추고 술을 마십니까? 참 소망이 없기 때문입니다. 내 생명을 드려도 아깝지 않은 소망, 내 일생을 다 드려도 오히려 기쁨이 넘치는 소망이 없기 때문입니다. 그런 소망이 없는 까닭은 내 안에 빛이 없기 때문입니다. 내 안에 예수님이 안 계시기 때문입니다.

셋째, 빛은 생명입니다. 예수님은 내가 '생명의 떡'이라고 말씀하신 뒤 곧바로 나는 '세상의 빛'이라고 말씀하셨습니다. 요한은 예수님을 소개하는 첫머리에 이 사실을 기록합니다.

그 안에 생명이 있었으니 이 생명은 사람들의 빛이라 요 1:4

예수님은 빛이고 이 빛은 생명입니다. 예수님은 생명이고 이 생명은 빛입니다. 죽음은 생명의 결핍이고 생명의 부재입니다. 어둠은 빛의 결핍이고 빛의 부재입니다. 예수님이 우리 안에 오시면 어떤 변화가 일어납니까? 가장 뚜렷한 변화가 바로 생명 현상입니다. 거미줄이 얼기설기 쳐 있고 곰팡이로 음습한 냄새가 나던 캄캄한 방에 빛이 들면 거미줄도 곰팡이도 자취를 감추고 생기가 도는 방으로 변화되는 것과 같습니다.

예수님이 내 안에 오셨습니까? 내 안에 빛이 들었습니까? 처음에는 내 안에 있는 거미줄과 곰팡이 때문에 얼마나 놀라고 얼마나 부끄러웠습니까? 회개란 무엇입니까? 내가 누구인지, 내 실상을 보게 되는 것입니다. 실상을 보면 나는 죄인 중의 죄인이라는 고백을 하지 않을 수 없습니다.

태양빛이나 인공의 어떤 빛도 나의 내면세계를 밝히지는 못합니다. 내 안에 죽어 있는 죽음의 증상들을 낱낱이 드러내 주지 못합니다. 그러나 생명의 빛이 오면 죽음의 증상들이 다 보입니다. 회개는 회개하겠다고 결심하고 애쓰는 일이 아닙니다. 빛이 임할 때 빛 가운데 드러난 내 실상을 보면서 통곡하는 것입니다. 그러나 여전히 이 빛이 부담스러운 사람들이 있습니다.

빛이 부담스러운
사람들

바리새인들이 이르되 네가 너를 위하여 증언하니 네 증언은 참되지 아니하도다 요 8:13

바리새인들이 자신을 스스로 증언한 것이 어떻게 참일 수 있느냐고 따집니다. 유대 사회에서는 혼자 증언해선 효력이 없고 두 사람 이상이 증언해야 인정을 받습니다.

예수께서 대답하여 이르시되 내가 나를 위하여 증언하여도 내 증언이 참되니 나는 내가 어디서 오며 어디로 가는 것을 알거니와 너희는 내가 어디서 오며 어디로 가는 것을 알지 못하느니라 요 8:14

'나는 어디서 와서 어디로 가는지를 안다'고 하십니다. 예수님의 이 말씀이 얼마나 힘이 되는지 모릅니다. 세상은 예수님이 어디서 와서 어디로 가셨는지를 모릅니다. 그래서 인간 예수밖에 이해하지 못합니다. 예수님의 말씀, 예수님의 생애는 인정합니다. 심지어 위대한 스승이라고 추켜세웁니다. 그러나 그게 전부입니다. 그들은 '누구든지 자신이 대접 받고자 하는 대로 남을 대접하라, 누구든지 으뜸이 되고자 하면 꼴찌가 돼라. 원수를 사랑하라' 같은 예수님의 말씀을 명언으로 받아들이고 예수님을 유대인의 시기를 받아 십자가 처형을 받은 청년으로 이해합니다. 종교 개혁 운동을 일으키다 로마 당국과 유대의 기득권층에 희생당한 청년으로 이해할 뿐입니다. 왜 예수님을 이렇게밖에 이해하지 못하는 걸까요? 예수님은 그 이유도 말씀해 주십니다.

> 15 너희는 육체를 따라 판단하나 나는 아무도 판단하지 아니하노라 16 만일 내가 판단하여도 내 판단이 참되니 이는 내가 혼자 있는 것이 아니요 나를 보내신 이가 나와 함께 계심이라 요 8:15-16

육체를 따라 판단하기 때문이라는 것입니다. 영적인 눈이 감겨 있으면 육체를 따라 판단할 수밖에 없습니다.

10대와 20대 때의 이성관이 무엇입니까? 무조건 예뻐야 하고 무조건 잘생겨야 하는 것 아닙니까? 무조건 키가 커야 하고 무조건 날씬해야 하는 것 아닙니까? 그러나 나이 들수록 루저라고 쳐다보지도 않던 사람들이 인생을 풍성하게 또 아름답게 꾸려 가는 것을 보면서 철이 들고 이성관도 달라집니다.

요즘 세상을 보면 점점 더 육체를 따라 판단하는 것 같습니다. 눈에 보이는 겉모습을 보고 판단하므로 점점 더 미모와 스펙을 중요시합니다. 사람만 그렇습니까? 차도 집도 건물도 직장도 그렇습니다. 심지어 교회도 그렇습니다.

그러나 예수님은 아무도 판단하지 않는다고 하십니다. 하지만 예수님이 판단하시면 그것은 무조건 옳은데 그 이유가 예수님을 이 땅에 보내신 성부 하나님과 함께하는 판단이기 때문입니다.

여기서 '판단하다'는 말을 살펴볼 필요가 있습니다. 연거푸 네 번이나 사용하기 때문입니다. 같은 표현이 마태복음 7장에서는 '비판하다'로 번역돼 있습니다.

> 1 비판을 받지 아니하려거든 비판하지 말라 2 너희가 비판하는 그 비판으로 너희가 비판을 받을 것이요 너희가 헤아리는 그 헤아림으로 너희가 헤아림을 받을 것이니라 마 7:1-2

'판단하다' '비판하다'는 같은 단어인 '크리노'를 사용합니다. 원래 뜻은 '생각하다, 의견을 내다'인데 여기서 '분별하다, 판단하다, 간주하다, 평가하다, 비판하다'는 다양한 뜻이 파생되었습니다. 원뜻으로 살펴보면 '생각의 기준이나 관점'을 말한다고 할 수 있습니다. 무엇을 기준 삼아 살아가느냐와 통하는 단어입니다. 이를 바탕으로 예수님의 말씀을 다시 풀어 보면 이런 뜻이 됩니다.

"나는 사람을 볼 때 겉모습을 기준 삼지 않는다. 나는 사람을 아무도 그런 관점으로 보지 않는다. 사람을 평가할 때라도 나는 내 관점이 아니라 반드시 나와 함께 계신 내 아버지 하나님의 관점에서 평가한다."

예수님은 자신의 판단이 왜 참인지를 다시 설명해 주십니다.

> 17 너희 율법에도 두 사람의 증언이 참되다 기록되었으니
> 18 내가 나를 위하여 증언하는 자가 되고 나를 보내신 아버지도 나를 위하여 증언하시느니라 요 8:17-18

율법에 두 사람이 증언해야 진실하다 했듯이, 예수님의 증언은 자신이 증언하고 그와 함께하시는 하나님이 증언하니 진실하다는 것입니다. 사실 하나님은 사람들과 달리 다른 누군가의 증언이 필요한 분이 아닙니다.

주민등록증이 왜 필요합니까? 내가 나라는 것을 증명하는 것이 주민등록증입니다. 인간에겐 자기를 증거할 능력이 없기 때

문에 국가가 대신 보증을 서서 증명해 줘야 합니다. 인간은 이렇듯 자기의 증언이 참임을 증명하기 위해 다른 누군가의 증언이 필요하고 내가 나임을 증거하는 무언가가 필요합니다.

앞에서 하나님의 이름은 'I AM WHO I AM'이라고 했습니다. '나는 나다. 나는 스스로 있는 자다'라는 뜻입니다. 이는 '나는 누구의 증거도 필요하지 않다'는 의미도 됩니다. 그러나 더 정확히 말하면 '나는 이름할 수 없다'는 뜻입니다. 하나님은 이름에 갇히지 않습니다. 하나님은 이름으로 정형화될 수 없습니다. 모세가 하나님께 그 이름을 물었을 때 들은 이 대답이야말로 하나님의 본질을 알려 주는 절대적인 진리입니다.

'나는 나다. 나는 설명될 수 없다. 나는 존재가 이름으로 한정되지 않는다. 나는 인간의 증거를 필요로 하지 않는다. 모세 네가 바로에게 가서 나의 존재를 증명할 수 있는 것이 아니다. 나는 나를 증거할 뿐이다.' 이런 뜻을 담고 있는 것입니다.

빛이 임한 사람들이 있기에
세상이 밝아진다

그럼 '예수'라는 이름은 무슨 뜻입니까? '하나님이 구원이시다'라는 뜻입니다. 인간의 어느 것으로도 제한 받지 않기에 인간을 구원하시는 분입니다. 그러니 이름에 갇히지 않는 분을 놓고 하나님이 맞느냐고 자녀들이 다툰다면 아버지 속이 얼마나 답답하겠습니까?

예수님은 이 땅에 오셔서 하나님을 보여 주셨습니다. 생명으로 보여 주시고 빛으로 보여 주셨습니다. 그리고 말씀이신 하나님께서 말씀으로 선포하십니다. 설명하는 것이 아닙니다. '하나님은 생명이다. 하나님은 빛이다. 하나님은 인간의 종교에 갇힌 분이 아니다'라고 선포하십니다. 종교란 온통 하나님을 우상화한 것입니다. '오직 이 땅에 오신 예수님이 진정한 하나님이다.' 이게 기독교의 전부입니다. 그걸 바리새인들이 알아들었을까요? 끝내 못 알아들었습니다. 분개하며 "하나님이 네 아버지라니 네 아버지가 어디 있느냐"고 따졌습니다.

> 이에 그들이 묻되 네 아버지가 어디 있느냐 예수께서 대답하시되 너희는 나를 알지 못하고 내 아버지도 알지 못하는도다 나를 알았더라면 내 아버지도 알았으리라 요 8:19

나를 모르면 아버지도 모르는 것이요, 나를 알면 아버지도 아는 것이라고 말씀하십니다. 참으로 중요한 말씀입니다. 하나님을 알고 싶습니까? 예수님을 보십시오. 예수님을 들으십시오. 예수님을 먹으십시오. 예수님이 하나님입니다. 예수님이 구원입니다. 예수님이 생명입니다. 예수님이 빛입니다. 사도 요한이 계시록을 통해 이 빛을 다시 보여 줍니다.

23 그 성은 해나 달의 비침이 쓸데없으니 이는 하나님의 영
광이 비치고 어린 양이 그 등불이 되심이라 24 만국이 그
빛 가운데로 다니고 땅의 왕들이 자기 영광을 가지고 그리
로 들어가리라 계 21:23-24

다시 밤이 없겠고 등불과 햇빛이 쓸데없으니 이는 주 하나
님이 그들에게 비치심이라 그들이 세세토록 왕 노릇 하리
로다 계 22:5

왜 우리가 고통스럽습니까? 이 빛 때문이지요. 왜 우리가 날
마다 회개합니까? 이 빛 때문입니다. 왜 돌이키면 그렇게 기쁩니
까? 이 빛 때문입니다. 이 빛이 지금 우리 안에 임한 것이 감격스
럽습니까?

저는 모든 걸 가지고 어둠 속에 살기보다 아무것이 없어도
빛 가운데 사는 편을 택할 것입니다. 저는 나이 마흔일곱에 이
빛을 보았습니다. 제 안에 이 빛이 임했습니다. 저는 이 빛이 임
하기 전까지만 해도 제가 의로운 사람인 줄 알았습니다.

당시 제 눈에 정직하고 정의로운 사람은 아무도 없었으므로
비판의 칼날을 사방에 들이댔습니다. 문제는 중진 언론인인 저
자신에게 어두웠다는 것입니다. 나는 늘 옳고 정직하다고 생각
했습니다. 입만 열면 판단했고 말만 하면 비판했습니다.

그러나 빛이 임하자 한순간에 사태가 역전됐습니다. 저야말로 죄인 중에 죄인이었습니다. 입만 열면 거짓말하던 것이 고스란히 보였습니다. 십계명 중에 단 한 계명도 제대로 지킨 적이 없다는 것을 깨달았습니다. 그런 기준 자체를 제게 들이댄 적이 없기 때문입니다.

'아! 신앙은 내 안에 빛이 임하는 사건이구나! 신앙은 세상의 다른 어떤 사람을 바꾸려는 노력이 아니라 내가 먼저 바뀌겠다는 결단이고 의지구나!'

빛이 임한 사람들이 있으므로 세상이 밝아지는 것, 이것이 예수님이 세상의 빛임을 드러내는 방식입니다. 세상은 혁명으로 바뀌는 것이 아닙니다. 빛이 임한 사람들로 인해 빛이 퍼져 나갈 때 세상이 바뀝니다. 예수님이 첫 설교 때 이 말씀을 하셨습니다.

> 14 너희는 세상의 빛이라 산 위에 있는 동네가 숨겨지지 못할 것이요 15 사람이 등불을 켜서 말 아래에 두지 아니하고 등경 위에 두나니 이러므로 집 안 모든 사람에게 비치느니라 16 이같이 너희 빛이 사람 앞에 비치게 하여 그들로 너희 착한 행실을 보고 하늘에 계신 너희 아버지께 영광을 돌리게 하라 마 5:14-16

그런데 예수님이 이 빛에 관한 말씀을 성전에서 가르치실 때

헌금함 앞에서 하셨습니다.

> 12 예수께서 또 말씀하여 이르시되 나는 세상의 빛이니 나
> 를 따르는 자는 어둠에 다니지 아니하고 생명의 빛을 얻으
> 리라… 20 이 말씀은 성전에서 가르치실 때에 헌금함 앞에
> 서 하셨으나 잡는 사람이 없으니 이는 그의 때가 아직 이르
> 지 아니하였음이러라 요 8:12, 20

그런데 왜 하필이면 헌금함 앞에서 이 말씀을 하셨을까요?
예수님의 행적에는 의미 없는 것이 없습니다. 예수님이 택하신
시간과 장소에는 특별한 의도와 목적이 담겨 있습니다.

당시 바리새인과 서기관들이 하나님과 사람들 앞에서 가장
드러내고자 했던 것이 헌금입니다. 그들은 제사 드릴 때마다 제
물을 드렸고, 심지어 반찬값 조미료 값까지 따져서 십일조를 돈
으로 환산해서 헌금함에 넣었습니다. 동전 소리가 크게 울려서
다른 사람이 다 듣게 하는 것이 믿음을 드러내는 것이라고 여겼
습니다. 그들에게 헌금이란 자기 의로움이고 자기 자랑이고 자
기 신앙이었습니다. 헌금이 그들 신앙의 빛이었습니다. 예수님
은 이 헌금함 앞에서 자신의 헌금이 마치 밝은 빛처럼 자기 신
앙을 드러낸다고 철석같이 믿는 바리새인과 서기관들, 제사장들
앞에서 이렇게 말씀하신 것입니다.

"아버지가 누구신지도 모르고 내가 누구인지도 모르면서 너희들은 헌금통에 헌금 넣는 것이 신앙의 전부라고 생각하니?"

빛은 돈이 아닙니다. 빛은 물질이 아닙니다. 예수님은 돈으로 환산되는 분이 아닙니다. 예수님은 돈에 묶이는 분이 아닙니다. 돈으로 사람을 움직이시는 분도 아니고 돈에 따라 마음이 움직이시는 분도 아닙니다. 만물의 주인이신 분이 물질에 움직이겠습니까? 세상의 빛이라고 선포하시는 분이 돈에 따라 그 빛이 밝아졌다 어두워졌다 하겠습니까?

오늘날 크리스천과 교회가 예수님 당시 제사장과 바리새인이 그랬던 것처럼 헌금의 영광을 드러내지 않기를 바랍니다. 그리스도의 영광, 참된 빛 앞에서 돈으로부터 자유할 수 있기를 바랍니다. 좀 더 갖고 덜 갖고에 너무 연연하지 않기를 바랍니다. 빛 가운데로 걸어가는 첫걸음은 무엇보다 돈의 힘, 맘몬의 마력에서 벗어나는 것입니다.

함께 나눔 ────────────

1. 하나님의 빛으로 드러난 나의 죽음의 증상은 무엇입니까?

2. 하나님의 빛이 임해 변화된 내가 아직 어둠 속에 있는 사람들에게 어떤 모습으로 다가가야 합니까?(마 5:16)

3

양들의 문
예수님을 출입하며 양은 자란다

중동 지방에서 양은 너무나 중요한 가축입니다. 대부분이 양을 가지고 있어서인지 성경에는 양의 비유가 많습니다.

세례 요한은 예수님을 세상 죄를 지고 가는 어린 양으로 소개했습니다. 그는 예수님을 대속 제물로 보았습니다. 구약의 제사를 마감할 마지막 제물, 살아 있는 제물로 알아본 것입니다. 그러나 예수님 자신은 '나는 양이 들어오고 나가는 양의 문'이라고 말씀하십니다.

문이란 어떤 목적으로 만들어졌나요?

첫째, 문은 한 공간과 다른 공간을 구분합니다. 문은 대문이건 창문이건 쪽문이건 문 안과 밖을 구분합니다.

둘째, 문은 보호와 안전을 목적으로 합니다. 문 안은 안전하지만 문 밖은 결코 안전하지 않습니다. 문 안에 있으면 보호 받지만 문 밖으로 나가면 보호 받기 어렵습니다.

셋째, 문을 닫고 여는 것은 주인이나 문지기에 달렸습니다. 주인이나 문지기가 문을 열어야 다른 사람들이 들어갈 수 있습니다. 문을 닫거나 문을 잠그면 출입은 제한됩니다. 예수님은 자신을 문이라고 하심으로 크리스천이 일상의 삶에서 어디를 거치며 살아야 하는지를 알려 주십니다.

양들의 문이란
무엇인가?

예수님은 '내가 양들의 문'이라고 선포하기 전에 누가 절도와 강도인지를 말씀하셨습니다. 예수님이 한 맹인의 눈을 뜨게 하자, 바리새인들이 안식일에 왜 맹인의 눈을 고쳐 주었냐고 따지고 들었습니다. 그러자 예수님이 "너희가 지금 눈 뜬 줄 아는데 너희야말로 장님이구나! 눈 뜬 장님!" 하면서 그들의 정체를 한마디로 정리하십니다.

> 1 내가 진실로 진실로 너희에게 이르노니 문을 통하여 양의 우리에 들어가지 아니하고 다른 데로 넘어가는 자는 절도

이를 쉽게 표현하면 이렇습니다.

"너희는 왜 문으로 출입하지 않니? 왜 양 우리에 들어갈 때 문으로 안 들어가고 울타리나 담을 넘어가니? 그건 말이야, 너희가 도둑이거나 강도라서 그래. 진짜 목자라면 당연히 문으로 들어가거든."

정상적인 사람은 남의 집을 방문할 때 당연히 문을 지납니다. 요즘은 아파트를 방문하려면 경비원에게 먼저 집을 찾아온 목적을 말해야 합니다. 특히 고급 아파트나 빌라는 입구에서부터 방문하는 집까지 이르기가 예삿일이 아닙니다. 왜 이렇게 까다로워진 겁니까? 절도나 강도를 미연에 방지하기 위해서입니다. 문으로만 출입이 가능하도록 해서 다른 곳에서 출입하기가 불가능하도록 만든 것입니다.

요한복음 10장 1-3절에는 양과 양 우리, 그리고 문과 문지기와 목자가 나옵니다. 중동 지방에서 이 다섯 가지를 다 갖춘 우리로 세 가지 종류가 있습니다. 우선 벽돌로 담을 쌓고 비나 바람을 피하도록 지붕을 씌운 뒤 아치형 문을 만들어 양이 출입하도록 만든 우리가 있습니다. 우리 위로 가시덤불을 씌워 놓기도 합니다. 가장 견고하고 제대로 만든 우리입니다.

또 다른 우리는 천연동굴입니다. 동굴 입구에 울타리를 막아서 출입을 제한하고 양들을 보호합니다. 마지막으로 임시방편으로 만든 우리가 있습니다. 멀리 타지에 있거나 산속에 있을 때 목자들이 나뭇가지로 울타리를 세워서 만드는 우리입니다. 이렇게 임시방편으로 만든 우리에는 문이 없습니다. 그래서 목자는 문 너비만큼 비워놓은 틈을 자신의 몸으로 막기 위해 그곳에 누워서 잡니다. 목자 자신이 문지기이자 문이기 때문입니다. 요한복음에서 예수님이 비유한 '양들의 문'은 바로 이 마지막 우리의 문을 의미합니다.

양은 철저히
의존적이다

이스라엘의 밤은 때로 혹독할 만큼 춥습니다. 낮과 밤의 기온 차가 매우 큽니다. 날씨가 어떻든 목자는 양의 문이 되어서 양이 우리 밖으로 나가지 못하게 지키고, 또 야생동물이나 맹수가 우리 안으로 들어오는 것을 막아야 합니다.

다윗은 바로 그런 목자였습니다. 하나님의 이름을 모욕하는 골리앗에 맞서려는 다윗을 사울이 만류하자, 다윗은 자신을 이렇게 소개했습니다.

"제가 양을 지키기 위해 곰이 나타나면 곰과 싸웠고 사자가 나타나면 사자 수염을 잡고 쳐 죽였습니다. 하물며 저 개 같은 이방인 하나 제가 상대하지 못하겠습니까?"

다윗은 자신이 이 세 번째 우리의 문이었음을 말하고 있습니다.

양과 목자의 관계는 이렇듯 특별합니다. 그 이유는 무엇보다 양의 특성이 독특한 까닭입니다. 양은 가축들 가운데서 가장 연약한 동물입니다. 시력이 나빠 앞을 분간하지 못하거니와 방향 감각도 없습니다. 앞서가는 양을 따라가다가 차례로 절벽에서 떨어지는 일도 있습니다. 양은 전혀 자신을 보호할 능력이 없습니다. 뿔이 있어도 뒤로 말려 있어서 싸움에는 아무런 도움이 되지 못합니다.

또 몸집에 비해 하체가 너무 약합니다. 양은 넘어지면 제 힘으로 못 일어납니다. 웅덩이 같은 곳에서 넘어지면 절대 혼자 힘으로 못 나옵니다. 평지에서도 넘어지면 버둥거리다가 배에 가스가 차서 죽습니다. 다시 일으켜 놓아도 한참 붙들어 주지 않으면 다시 넘어지는 일이 잦습니다.

더구나 양털은 실제로 희지도 깨끗하지도 않습니다. 얼마나 냄새가 고약하고 지저분한지 모릅니다. 양털 깎는 걸 돕겠다고 나섰다가 그 냄새에 속이 뒤집혀서 고생했다는 사람들도 보았습니다.

양의 성질도 보기와는 딴판입니다. 고집스럽고 제각각입니다. 날씨가 더울 때는 서로 엉켜서 떨어지지 않고, 추울 때는 곁에 두어도 같이 있으려고 하지 않습니다. 그런데 양이 단 한 가지 발달한 것이 소리를 식별하는 능력입니다. 목자의 음성을 잘 알아듣는 것입니다.

> 3 문지기는 그를 위하여 문을 열고 양은 그의 음성을 듣나
> 니 그가 자기 양의 이름을 각각 불러 인도하여 내느니라 4
> 자기 양을 다 내놓은 후에 앞서 가면 양들이 그의 음성을
> 아는 고로 따라오되 5 타인의 음성은 알지 못하는 고로 타
> 인을 따르지 아니하고 도리어 도망하느니라 요 10:3-5

실제로 목자들은 양들에게 이름을 붙여서 부릅니다. 그러나
이름을 불러도 자기 목자의 음성이 아니면 양은 따르지 않습니
다. 이토록 무력한 짐승도 없고, 이토록 목자에게 철저하게 의존
적인 가축도 없습니다. 정말이지 양은 단 한 마리도 목자의 손길
없이는 자랄 수가 없습니다.

예수님이 지금 양의 특징에 대해 말씀하시는 이유가 무엇일
까요? 당시 이스라엘 백성 중에 양의 이 같은 특성을 모르는 사
람은 아무도 없었을 것입니다. 그렇다면 왜 이 같은 말씀을 하
신 걸까요? 도대체 바리새인들, 너희들의 관심사는 무엇이냐고
묻고 계신 겁니다. 너희의 삶은 과연 이토록 연약한 양들을 위
한 것이냐 아니면 그토록 의존적인 양을 이용하는 것이냐고 묻
고 있는 겁니다. 선한 목자는 앞장서며 양 떼를 보호하고 인도합
니다. 그러나 악한 목자는 양 떼를 돌보는 척하면서 살진 양으로

자기 배를 채우는 데만 관심을 갖습니다.

하지만 바리새인들이 예수님의 이 같은 지적을 알아들을 리만무합니다.

> 예수께서 이 비유로 그들에게 말씀하셨으나 그들은 그가
> 하신 말씀이 무엇인지 알지 못하니라 요 10:6

예수님의 말씀은 못 알아들을 것이 없습니다. 그러나 영적인 눈이 가려져 있으면 전혀 못 알아듣습니다. 누구라도 쉽게 알아들을 수 있는 이야기라도 배울 만큼 배운 사람이 못 알아듣기도 합니다. 나중에 예수님은 제자들에게 비유를 풀어서 설명해 주시기도 했습니다. 가령 씨 뿌리는 비유에 대해 제자들만 있을 때따로 설명해 주셨습니다.

예수님은 비유로 말씀하신 것을 나중에 풀이하거나 아예 함구하기도 했지만, 자신이 누구인가에 대해선 지체하시지 않았습니다. "나는 생명의 떡이다. 썩을 양식을 위해서 일하지 마라. 영원한 양식을 먹어야 한다. 나는 세상의 빛이다. 어둠 속에 다니지마라. 빛 가운데 살아라. 나는 양의 문이다. 다른 곳을 넘어 다니지 마라" 하고 분명하게 말씀하셨습니다. 절대 모호하게 말씀하신 적이 없습니다.

그러므로 예수께서 다시 이르시되 내가 진실로 진실로 너
희에게 말하노니 나는 양의 문이라 요 10:7

예수님이 다시 한 번 분명한 어조로 말씀하십니다. "나는 양의 문이다." 예수님은 누구입니까? 양들이 들어오고 나가는 문입니다. 안전하게 출입하려면 이 문으로 출입해야 합니다. 목자도 이 문 외에 다른 곳을 출입할 이유가 없습니다. 목자들이 양 떼를 인도해서 데리고 나가든 데리고 들어오든 이 문 외에 다른 길도 다른 방법도 없습니다. 예수님은 심지어 내가 양의 문이라고 선언하시더니 문이 달리기 전에 온 자들이 누구인지 폭탄선언을 하십니다.

예수님을 출입해야
날마다 살아난다

나보다 먼저 온 자는 다 절도요 강도니 양들이 듣지 아니하
였느니라 요 10:8

예수님보다 먼저 온 자들이 누구입니까? 누구를 지칭하는 것입니까? 거짓 선지자들입니다. 예수님을 오해하는 자들입니다. 예수님께로 인도하지 않는 영적 지도자들입니다. 예수님은 욕망

이 이글거리는 세상의 지도자들 특히 탐욕스러운 종교 지도자들을 싸잡아 다 절도요 강도라고 지칭하십니다.

절도와 강도의 차이는 무엇입니까? 절도는 몰래 훔쳐 가는 것을 말하고, 강도는 사람을 위협해서 빼앗아 가는 것을 말합니다. 이 둘이 감옥에서 만나면 서로 비웃는답니다. 절도는 강도들이 머리가 나쁘다고 비웃습니다. 그냥 조용히 소리 없이 가져가면 되지 왜 사람을 깨우고 협박하고 빼앗느냐는 것입니다. 그러다 사람을 다치게 하고 죽이기까지 하는 것은 순전히 머리가 나쁘기 때문이라고 조롱합니다.

강도 역시 절도를 비웃습니다. 사람이 보는 데서 당당히 빼앗으면 되지 왜 비겁하게 들킬까 봐 눈치 보며 훔쳐 가는 거냐는 겁니다. 절도는 강도가 머리 나쁘다고 조롱하고 강도는 절도가 비겁하다고 조롱하는 겁니다.

이게 비웃을 만한 일입니까? 종교끼리 이렇게 다투는 경우가 있고, 종교 지도자들끼리 이런 모양으로 다툴 수 있습니다. 그러나 절도건 강도건 누가 이들에게 자발적으로 기꺼이 순종하겠습니까? 예수님은 다시 선포하십니다.

내가 문이니 누구든지 나로 말미암아 들어가면 구원을 받고 또는 들어가며 나오며 꼴을 얻으리라 요 10:9

하나님은 문입니다. 문은 반드시 있어야 하지만 아무것도 요구하지 않습니다. 문을 통하지 않고 집을 드나드는 사람은 없습니다. 밖을 나가려면 반드시 문을 통과해야 합니다. 문으로는 드나들지 않겠다 해도 창문으로 통과하거나 벽에 구멍을 뚫거나 해야 통과할 수 있습니다. 문 없이는 못 드나듭니다.

그런데 예수님은 자신이 문이라고 하십니다. 왜 그렇습니까? 우리가 예수님을 통과하지 않고는 살 수 없기 때문입니다.

그런데 문이 종교입니까? 문이 종교적 도구입니까? 아니면 일상의 수단입니까? 생명이 종교가 아니고 빛이 종교가 아니듯 문도 종교가 아닙니다. 예수님은 지금 종교인들을 향해서 특별히 자기선언을 계속하고 계십니다.

양들은 우리의 문 안으로 들어가야 안전합니다. 그러므로 양들이 문 안에 있는 것이 구원이요, 문 밖에 있는 것은 심판입니다. 노아의 방주 안으로 들어가는 것이 구원이요, 방주 밖에 있는 것이 심판입니다.

사탄은 우리 안이 감옥과 같다며 우리 밖에 자유가 있다고 속삭입니다. 왜 아이들이 가출합니까? 집 밖에 자유가 있다는 속삭임에 넘어갔기 때문입니다. 예수님이 구원의 본질을 말씀하십니다. "내가 문이다. 내 안으로 들어오라. 그러면 구원을 받을 것이다."

구원이란 무엇입니까? 문이신 예수님 안으로 들어가는 것입니다. 이 문은 출입하는 자체가 복입니다. 예수님을 들어오며 만나고 나가면서 만나는 것이 꼴을 먹는 일입니다. 예수님을 문을 출입하듯 가까이하는 것이 구원입니다. 예수님의 음성을 직접 듣는 것, 예수님이 내 이름을 불러 주시는 것을 듣는 것, 예수님이 이야기해 주시는 것을 듣는 것, 이것이 구원이고 복입니다.

그런데 '또는'이라는 단어가 마음에 걸립니다. '또는'은 양자택일의 느낌을 줍니다. 그냥 '또'라고 해야 할 것을 '또는'이라고 해서 오해의 소지가 생겼습니다. 구원을 받든지 아니면 출입하고 꼴을 얻든지 택일하라가 아닙니다. 구원을 받고 문을 들락날락하는 일상을 통해 우리가 자란다는 말입니다.

예수님을 출입하는 것이 성장하며 성숙해지는 길입니다. 예수님 문 안으로 들어가는 것이 사는 길이고 더 잘사는 길입니다. 뭐가 잘사는 겁니까? 생명을 얻고 그 생명을 날마다 더 풍성하게 얻는 것, 그것보다 더 잘사는 길이 있습니까? 날마다 살아나는 삶보다 더 잘사는 길이 어디 있습니까? 날마다 생명이 죽어 가는 삶보다 불행한 일이 어디 있습니까?

도둑이 오는 것은 도둑질하고 죽이고 멸망시키려는 것뿐이요 내가 온 것은 양으로 생명을 얻게 하고 더 풍성히 얻게 하려는 것이라 요 10:10

예수님은 많은 목자들이 사실은 목자가 아니라 도둑이라고 하십니다. 구약에서도 이런 비유나 이야기가 그치지 않았습니다. 가장 먼저는 모세의 기도 제목이 양 떼를 제대로 돌볼 목자를 세워 달라는 것이었습니다. 양의 문이 될 목자를 달라는 것이지요.

> 15 모세가 여호와께 여짜와 이르되 16 여호와, 모든 육체의 생명의 하나님이시여 원하건대 한 사람을 이 회중 위에 세워서 17 그로 그들 앞에 출입하며 그들을 인도하여 출입하게 하사 여호와의 회중이 목자 없는 양과 같이 되지 않게 하옵소서 민 27:15-17

모세가 40년간 장인 이드로의 양 떼를 돌보면서 깨달았습니다.

'백성은 양 떼와 같구나. 양 떼에게 가장 중요한 것은 그들을 사랑으로 돌볼 줄 아는 목자구나. 지도자의 마지막 소명은 제대로 된 목자를 세우는 것이로구나.'

그는 하나님의 영에 감동된 사람, 여호수아를 세웠습니다. 사람들이 원하는 사람도 아니고 자기가 원하는 사람도 아니고 하나님이 원하시는 여호수아를 모세의 뒤를 이를 지도자로 세웠습니다. 세상에서는 비서 출신을 자신의 뒤를 잇도록 하지 않습니다. 비서는 자기가 모시는 사람을 너무 잘 알고, 지도자도 비서를 너무 잘 알기 때문입니다. 너무 잘 알아서 세울 수 없게 됩니다.

이스라엘의 역사는 하나님만이 참 목자임을 철저하게 인정하고 순종하도록 훈련하는 역사였습니다. 사사기와 사무엘서, 열왕기, 역대기의 기록 대부분이 목자 잃은 양들의 수난사였던 것입니다.

> 내 백성은 잃어버린 양 떼로다 그 목자들이 그들을 곁길로 가게 하여 산으로 돌이키게 하였으므로 그들이 산에서 언덕으로 돌아다니며 쉴 곳을 잊었도다 렘 50:6

목자를 잘못 만나면 쉼을 잃어버립니다. 목자를 잘못 만나면 꼴을 얻기도 어렵고 물도 마시기도 어렵습니다. 목자를 잘못 만나면 우리의 문으로 인도 받지 못해 광야에서 목숨을 잃게 됩니다.

목자는 양을 훈련시키는 사람이 아닙니다. 목자가 양을 훈련한다면 단 한 가지밖에 없습니다. 목자의 음성을 알아들을 수 있도록 계속 그 이름을 불러 주고 말을 걸어 주는 것입니다. 어차피 양은 훈련한다고 해서 의존성을 벗어날 수 있는 존재가 아닙니다. 양은 아무리 훈련시켜도 저 혼자 아무 일도 못합니다. 양의 훈련은 그래서 오직 한 가지입니다. 목자의 음성을 분별하고 목자를 따르는 훈련입니다.

영성 훈련도 이와 같습니다. 이 음성이 어디서 오는 것인가를 분별해서 듣고 그 음성에 순종하는 훈련입니다. 영성 훈련을 위해서는 반드시 성경을 읽어야 하고 알아야 하며 그 말씀을 따르는 훈련을 해야 합니다. 성경의 기준을 갖고 있지 않으면, 내게 들려오는 음성이 목자의 음성인지 아닌지를 분별할 수 없기 때문입니다. 다윗은 누구보다 하나님이 참 목자임을 잘 알았던 사람입니다.

> 1 여호와는 나의 목자시니 내게 부족함이 없으리로다 2 그가 나를 푸른 풀밭에 누이시며 쉴 만한 물가로 인도하시는도다 3 내 영혼을 소생시키시고 자기 이름을 위하여 의의 길로 인도하시는도다 4 내가 사망의 음침한 골짜기로 다닐지라도 해를 두려워하지 않을 것은 주께서 나와 함께하심이라 주의 지팡이와 막대기가 나를 안위하시나이다 5 주께서 내 원수의 목전에서 내게 상을 차려 주시고 기름을 내 머리에 부으셨으니 내 잔이 넘치나이다 6 내 평생에 선하심과 인자하심이 반드시 나를 따르리니 내가 여호와의 집에 영원히 살리로다 시 23:1-6

나치 독일 치하에서 아우슈비츠 수용소로 끌려가면 두 갈래 길 중 하나를 가게 됩니다. 바로 가스실로 가는 길과 잠시 방에

갇혔다가 가스실로 가는 길입니다. 어느 길을 가든 가스실에서 죽을 수밖에 없습니다.

그런데 그 죽음의 길에서 기적같이 살아 돌아온 사람들이 있습니다. 오스트리아의 정신과 의사였던 빅터 프랭클도 그중 하나였습니다. 그는 날마다 가스실로 끌려가는 사람들을 수없이 보았습니다. 그러던 어느 날 한 랍비가 가스실로 끌려가면서 시편 23편을 읊조리는 것을 들었습니다. 얼마나 충격을 받았던지 이때 그는 하나님을 새로 발견했습니다. 그리고 말씀의 능력에 새롭게 눈떴습니다.

빅터 프랭클은 말씀이야말로 정신과 치료의 핵심이라는 사실을 깨닫고 말씀치료, 의미치료, 로고테라피 등의 정신과 치료법을 창안했습니다. 이는 프로이트와 아들러 외에 제3의 치료법이 되었습니다. 저는 이게 제3의 치료법이 아니라 으뜸이라고 믿습니다.

양은 목자의 음성을 들을 때 안심합니다. 양은 양의 문을 지나다닐 때 안전합니다. 양이 목자의 음성을 기억하는 한 양은 불안하지 않습니다. 비록 사망의 음침한 골짜기를 지나더라도 선한 목자만 있으면 두려워할 필요가 없습니다. 죽음의 문턱에 있다 할지라도 상관없습니다. 목자의 선하심과 인자하심이 반드시 나를 선한 길로 인도하실 것이기 때문입니다. 아니 이미 나를 여호와의 영원한 길로 인도하고 계시기 때문입니다.

좁은 문이
생명의 길이다

예수님은 문 이야기를 하면서 또 다른 이야기를 들려주십니다. 좁은 문 비유입니다.

> 13 좁은 문으로 들어가라 멸망으로 인도하는 문은 크고 그 길이 넓어 그리로 들어가는 자가 많고 14 생명으로 인도하는 문은 좁고 길이 협착하여 찾는 자가 적음이라 마 7:13-14

양이 죽고 사는 길은 양의 문입니다. 또한 우리가 찾고 두드려야 하는 문은 '좁은 문'입니다. 당시 유대교와 예루살렘 성전은 크고 '넓은 문'이었습니다. 유대교는 아브라함의 혈통임을 내세우고 몸에 할례를 받기만 하면 구원 받을 수 있다고 주장하는 넓고 편한 길입니다. 그러나 갈릴리의 시골 목수 출신인 예수님을 따른다는 것은 모든 것을 버리고 따라가야 하는 좁은 길이었습니다.

세상의 영광을 추구하는 길에는 사람들이 넘쳐납니다. 사람들은 심지어 그 영광을 추구하고 얻는 길이 좁디 좁은 길이라고 생각하면서 줄달음칩니다. 예수님은 사람들이 그렇게 몰리는 길은 좁은 문이 아니라 넓은 문이라고 말씀하십니다. 누구나 들어가고 싶어 하는 문은 좁은 문이 아니라 넓은 문입니다. 좁은 문은 아무도 안 들어가겠다고 하는 문입니다. 이 문은 십자가를 향한 길로 나 있어서 누구와 경쟁할 일이 없는 길로 인도합니다. 그래서 조용한 길이고 외로운 길입니다.

예수님은 우리가 넓은 문으로 가는 이유, 좁은 문으로 가지 않는 이유에 대해 한 가지 실마리를 알려 주십니다.

> 화 있을진저 외식하는 서기관들과 바리새인들이여 너희는 천국 문을 사람들 앞에서 닫고 너희도 들어가지 않고 들어가려 하는 자도 들어가지 못하게 하는도다 마 23:13

위선하는 종교인들 때문에 천국 문이 닫혔다고 합니다. 자기들 하는 방식대로 해야 천국 간다고 하는 사람들이 실은 자기들도 안 들어가면서 다른 사람들도 들어가지 못하도록 그 문을 막아 버렸다는 것입니다. 하지만 사람들은 닫힌 줄도 모르고 그 앞에서 북적거리며 기다립니다.

예수님은 그런 그들에게 격한 어조로 꾸짖으십니다. 천국 문을 마치 넓은 길인 양 만들어 버린 종교인들, 이들이 바로 절도요 강도라면서 이들을 따라가면 큰일 난다고 경고하십니다. 그 길은 생명의 길이 아니라 죽음의 길이기 때문입니다.

오늘날 예수님만이 양의 문이라는 사실을 믿는 사람보다 믿지 않는 사람들이 더 많습니다. 다른 사람들이 인도하는 문을 기웃거리는 사람들이 훨씬 더 많습니다. 예수님만이 안전한 문이라고 하면 불쾌해서 어쩔 줄 모르는 사람들이 날로 더 많아지고 있습니다.

그래서 점점 커지는 문이 두 개 생겨났습니다. 양들의 좁은 문 대신 이리들의 널찍한 문 두 개가 생겼습니다. '예수님 아니라도 좋다'는 문과 '십자가 아니라도 상관없다'는 문입니다. 그러나 그 문으로 들어가는 양은 살아나올 가능성이 거의 없다는 사실을 알아야 합니다.

예수님이 말씀하시는 '내가 양의 문이다'는 선언은 시적이거나 목가적인 표현이 결코 아닙니다. 그것은 죽고 사는 매우 현실적인 표현입니다. 예수님은 생명입니다. 예수님은 빛입니다. 예수님은 문입니다. 목사는 그 문을 가리키는 종입니다. 사역자들은 그 문을 가리키는 이웃입니다. 성도들은 반드시 그 문으로 들어가야만 하는 사람입니다.

기억하십시오. 예수님이 문입니다. 예수님의 말씀만이 생명의 문입니다. 다른 문은 죽음의 문입니다. 무슨 일이 일어났을 때 말씀이 까마득히 생각나지 않는다면 그것은 양의 문이 아닌 다른 문으로 가고 있다는 증거입니다. 반면에 듣기 거북하고 불편한 말씀이라도 생각나고 기억된다면 양의 문으로 출입하고 있다는 증거입니다.

1. 오늘날 점점 커지는 문이 두 개 있습니다. '예수님 아니라도 좋다'는 문과 '십자가 아니라도 상관없다'는 문입니다. 교회와 나는 과연 좁은 문으로 가고 있습니까?

2. 목자의 음성을 분별하고 따르기 위해서는 음성을 듣고 그 음성에 순종하는 훈련을 해야 합니다. 성경을 날마다 읽고 배우고 그 말씀에 순종합니까?

4

선한 목자
사랑하기에 기꺼이 헌신한다

하나님을
'안다는 것'은

아버지는 아들에게 자기가 아버지임을 설명하지 않습니다. 어머니는 자녀에게 왜 사랑하는지 설명하지 않습니다. 자녀들 역시 그 설명을 요구하지 않습니다. 이미 끊으려야 끊을 수 없는 강한 유대감이 날마다 그 사실을 확인시켜 주기 때문입니다.

부모는 자녀가 태어나면 가장 먼저 자신이 누구인지를 아이에게 선포합니다. 아빠, 엄마라는 단어를 가르치는 것 같지만, 사실은 말을 알아듣거나 이해할 수 없는 아이에게 날마다 수없이 자신을 선포하는 것입니다. 우리는 부모님을 한순간도 의심하지 않고 "아빠" "엄마"라고 부르며 자랐습니다.

여기서 한 가지 정리하고 넘어갑시다. 믿음이 먼저입니까, 사실이 먼저입니까? 감정이 먼저입니까, 사실이 먼저입니까?

부모는 사실입니다. 자녀에 대한 부모의 태도는 사랑이고, 부모에 대한 자녀의 첫 반응은 믿음입니다. 부모라는 사실이 먼저이고 부모에 대한 믿음이 다음이며 부모를 향한 감정이 마지막입니다.

유대인들이 하나님이 인간을 창조하셨다는 사실을 모릅니까? 다 알지요. 다 믿지요. 그런데 아는 것과 무관하게 살고, 믿는 것과 상관없이 삽니다. 예수님은 아들이 아버지를 안다면 어떻게 살아야 하는지를 몸소 보여 주시고 들려주시기 위해 이 땅에 오셨습니다.

하나님을 '안다'는 것은 굉장한 일입니다. 끊으려야 끊을 수 없는 관계로 맺어졌다는 뜻이고, 그 관계에 흘러넘치는 사랑과 신뢰가 존재한다는 뜻입니다. 그래서 히브리인들에게 안다는 것은 부부관계 수준 이상의 앎입니다. 요즘 부부관계가 통속적으로 흐르다 보니 오해할 수 있는데, 여기서 부부관계란 서로 속속들이 알기에 깊이 사랑하고 신뢰하는 관계를 말합니다.

사실 눈에 보이지 않는 하나님처럼 오해를 많이 불러일으키는 존재도 없습니다. 그 때문에 지금까지 무수한 종교가 생성되고 소멸되기를 반복하고 있습니다. 왜 그럴까요? 가장 먼저 나라는 존재가 불안하기 때문입니다. 아무 걱정도 근심도 없으면 하나님을 찾을 이유가 없습니다.

맨 처음 인간이 하나님을 설명하려고 시도한 것이 애니미즘입니다. 이 세상에 존재하는 모든 것들에 영혼이 있고 의도가 있고 그래서 관계가 있다는 것이지요. 그러다 점차 다신론으로 압축됩니다. 나한테 꼭 필요한 신만 있으면 된다는 것입니다. 세상을 다스리는 몇몇 신들에게 제물을 바치고, 거대한 신전을 지어 주고, 그들을 잘 달래면 된다는 것이 다신교의 핵심입니다.

그러던 어느 날 애굽(이집트)의 파라오 아멘호테프 4세는 기발한 생각을 합니다. 세상에는 태양신 하나밖에 없다고 선포한 것입니다. 애굽 백성이 얼마나 혼란스러웠는지 모릅니다. 그러나 그 파라오가 죽자 다시 예전으로 돌아갔습니다. 어쨌건 유일신 개념이 잠시나마 등장한 것이 놀랍습니다. 모세가 출애굽할 당시 열 가지 재앙이 내려진 대상들은 사실 애굽 백성이 가장 두려워하던 다신교 배경의 신들입니다.

출애굽한 이스라엘 백성이 알게 된 것이 여호와 하나님입니다. 인간이 불안해서 만든 갖가지 신이 아니라 인간을 만든 신, 인간을 억압에서 자유로, 죽음에서 생명으로 인도하는 신에 눈을 떴습니다. 모세가 받은 십계명은 여호와 하나님과 백성이 관계를 유지할 수 있는 지침서이고 처방전입니다.

그런데 나중에 이 지침서는 화근이 되었습니다. 이스라엘 백성은 이 십계명을 서로 잘 지키겠다고 아우성치다 나중에는 누가 가장 잘 지키느냐에 관심을 집중시켰습니다. 그렇다 보니 시간이 지날수록 사람들의 속마음이 부패하고 말았습니다. 겉은 화려하게 꾸몄으나 속은 눈뜨고 볼 수 없는 지경이 되었습니다. 결국 하나님께서 그토록 싫어하시는 다신 숭배, 우상 숭배에 빠졌다가 나라와 민족이 망하는 것을 경험했고 성전이 무너지는 일도 겪었습니다. 그래도 소용없었습니다. 타락은 내 힘으로 돌이킬 수 없는 죄악의 본성입니다.

드디어 예수님이 오셨습니다. 율법을 폐기하러 온 것이 아니라 율법을 완성하러 오셨습니다. 그리고 그동안 우리가 율법을 어겨서 받은 벌점을 모두 탕감하셨습니다. 우리를 처벌하러 온 것이 아니라 구원하러 오셨음을 분명히 하셨습니다. 그동안 쌓아 둔 범칙금을 모두 대납해 주신 것입니다.

"이제 더 이상 법규 위반하지 마라."

그런데 또 위반하면 어떻게 됩니까? 또 용서 받을 것입니다. 그래서 계속 위반할까요? 성숙한 사람은 그렇지 않습니다. 깨달으면 하지 않습니다. 그 일이 나한테도 손해이고 공동체에도 해롭다는 사실을 알면 하지 않습니다.

예수님은 이 땅에 오셔서 하나님의 형상과 모양을 지니고 산다는 것이 무엇인지 보여 주셨습니다. 그리고 하나님이 누구인지를 선포하셨습니다. 예수님이 베푼 기적에는 이 선포를 위한 의도가 담겨 있습니다.

선한 목자는 양들을 위해
목숨을 버린다

> 나는 선한 목자라 선한 목자는 양들을 위하여 목숨을 버리
> 거니와 요 10:11

예수님은 누구입니까? 선한 목자입니다. 이스라엘 백성과 하나님의 관계를 양과 목자로 표현한 것은 유래가 깊습니다. 선지자들이 전한 말씀을 봅시다.

> 그는 목자같이 양 떼를 먹이시며 어린 양을 그 팔로 모아
> 품에 안으시며 젖먹이는 암컷들을 온순히 인도하시리로다
> 사 40:11

> 이방들이여 너희는 여호와의 말씀을 듣고 먼 섬에 전파하
> 여 이르기를 이스라엘을 흩으신 자가 그를 모으시고 목자
> 가 그 양 떼에게 행함같이 그를 지키시리로다 렘 31:10

> 11 주 여호와께서 이같이 말씀하셨느니라 나 곧 내가 내 양
> 을 찾고 찾되 12 목자가 양 가운데에 있는 날에 양이 흩어
> 졌으면 그 떼를 찾는 것같이 내가 내 양을 찾아서 흐리고

캄캄한 날에 그 흩어진 모든 곳에서 그것들을 건져 낼지라
겔 34:11-12

내가 한 목자를 그들 위에 세워 먹이게 하리니 그는 내 종
다윗이라 그가 그들을 먹이고 그들의 목자가 될지라 겔 34:23

'나는 목자다. 그런데 나는 선한 목자다. 너희들이 지금까지
경험한 많은 목자들과는 다르다.'

예수님은 지금 이 예언을 기억하라고 말씀하십니다.

선한 목자는 다른 목자들과 어떻게 다릅니까? 결정적으로 양
들을 위해 목숨을 버리는 것이 다릅니다. 여기서 우리는 목자의
리더십이 세상의 리더십과 근본적으로 다르다는 것을 알게 됩니
다. 세상의 리더십은 내가 살기 위한 것이고 목자의 리더십은 내
가 죽기 위한 것입니다.

세상의 리더는 영웅입니다. 궁극적으로 자신의 영광을 추구
하는 사람입니다. 그러나 목자는 종이고 하인입니다. 궁극적으
로 하나님의 영광을 구하는 사람입니다. 그래서 보스는 짐을 지
우고, 목자는 짐을 집니다. 목자는 마치 높은 산을 짐을 지고 함
께 등반하는 셰르파 같습니다. 끝까지 짐을 지고 길을 안내하는
사람입니다.

'나는 선한 목자다'라는 선언을 살펴볼 때 같이 봐야 할 말씀

이 있습니다. 마가복음에서 부자 관원이 찾아와 예수님을 '선한 선생님'이라고 불렀을 때 예수님은 그 호칭부터 잘못되었음을 지적하셨습니다.

> 17 예수께서 길에 나가실새 한 사람이 달려와서 꿇어 앉아 묻자오되 선한 선생님이여 내가 무엇을 하여야 영생을 얻으리이까 18 예수께서 이르시되 네가 어찌하여 나를 선하다 일컫느냐 하나님 한 분 외에는 선한 이가 없느니라 막 10:17-18

'선한 선생님'이라는 표현이 왜 잘못되었습니까? 부자 관원이 '선생님'이라고 했다면 그는 예수님을 하나님의 아들이 아닌 선생님, 즉 사람으로 알고 찾아온 것입니다. 그런데 어떤 사람도 선하지 않습니다. 선한 분은 오직 하나님 한 분밖에 없기 때문입니다. 부자 관원은 예수님을 '선하다'고 함으로써 자신도 선함을 드러내고 있습니다. 예수님의 지적은 바로 이것입니다.

"네가 나를 선하다고 함으로써 네 자신이 선과 악을 구분할 수 있다고 자신하고 있구나. 너 자신도 선하다고 생각하는구나."

예수님이 바리새인들에게도 묻습니다.

"나는 선한 목자다. 너희도 스스로 선한 목자라고 생각하지? 그런데 말이야, 너희들 목숨 내놓을 각오가 돼 있니?"

12 삯꾼은 목자가 아니요 양도 제 양이 아니라 이리가 오는 것을 보면 양을 버리고 달아나나니 이리가 양을 물어 가고 또 헤치느니라 13 달아나는 것은 그가 삯꾼인 까닭에 양을 돌보지 아니함이나 요 10:12-13

삯꾼이란 품꾼으로 돈을 주고 고용한 사람입니다. 그러니 이들의 일차적인 관심은 양 떼가 아니라 월급에 있습니다. 얼마를 벌 수 있느냐가 이들의 가장 중요한 관심사입니다. 그런 다음 이들의 관심은 양의 고기와 털에 있습니다. 양이 돈이 되어야 월급을 계속 받을 수 있기 때문입니다. 그래서 삯꾼은 이리가 오면 달아납니다. 이리는 양을 물어 가고 또 양 떼를 흩어 놓습니다. 삯꾼은 목자가 아닙니다. 성경은 선한 목자를 다음과 같이 소개합니다.

40 내가 이와 같이 낮에는 더위와 밤에는 추위를 무릅쓰고 눈 붙일 겨를도 없이 지냈나이다 41 내가 외삼촌의 집에 있는 이 이십 년 동안 외삼촌의 두 딸을 위하여 십사 년, 외삼촌의 양 떼를 위하여 육 년을 외삼촌에게 봉사하였거니와 외삼촌께서 내 품삯을 열 번이나 바꾸셨으며 창 31:40-41

야곱도 아마 양 떼를 위해 양들의 문 노릇을 했을 것입니다.

그는 낮의 더위와 밤의 추위를 무릅썼다고 합니다. 다윗도 맹수를 두려워하지 않았고, 양 떼를 지키는 데 자기 목숨을 아끼지 않은 목자였습니다.

> 34 다윗이 사울에게 말하되 주의 종이 아버지의 양을 지킬 때에 사자나 곰이 와서 양 떼에서 새끼를 물어 가면 35 내가 따라가서 그것을 치고 그 입에서 새끼를 건져 내었고 그것이 일어나 나를 해하고자 하면 내가 그 수염을 잡고 그것을 쳐 죽였나이다 삼상 17:34-35

예언서는 오실 메시아를 다윗과 같은 목자로 표현했습니다. 그런데 이 선한 목자의 마음에는 무엇이 있습니까?

> 14 나는 선한 목자라 나는 내 양을 알고 양도 나를 아는 것이 15 아버지께서 나를 아시고 내가 아버지를 아는 것 같으니 나는 양을 위하여 목숨을 버리노라 요 10:14-15

선한 목자는 양을 압니다. 그렇기 때문에 양을 위해 목숨을 내놓습니다. 예수님은 양을 알기 때문에 목숨을 버리지만 삯꾼은 알지 못하기 때문에 양 떼가 위기에 처할 때 오히려 저 혼자 살겠다고 달아난다고 하십니다. 그런데 아는 것과 목숨을 내놓는 것이 어떻게 관련 있다는 겁니까?

저는 베이직교회의 목사입니다. 목사로서 성도들을 압니다. 그런데 다 알지는 못합니다. 그렇다면 아는 성도들을 위해선 제가 목숨을 내놓을까요? 어쩌다 감동이 되어 제 목숨 가져가시고 저분 좀 살려 달라고 기도할 때는 있습니다. 하지만 실제로 하나님께서 "좋다. 내일 네 목숨을 가져가고 그 사람을 살려 주마" 하시면 제가 어떻게 하겠습니까? "하나님 꼭 내일이라야 합니까? 그래도 손자 손이라도 잡아 보고 나서 데려가면 안 되겠습니까?" 할지도 모릅니다. 그런 생각이 든다면 저는 어떤 목자입니까?

이제 예수님이 선한 목자가 양을 안다고 하신 말씀이 무슨 뜻인지 분명해졌습니다. 양을 알기 때문에 목숨을 버린다는 것은 양을 정말로 사랑하기 때문에 목숨을 내놓는다는 뜻입니다.

선한 목자는
하나님 한 분뿐이다

모르고도 목숨을 내놓을 수 있습니다. 증오하기 때문에 목숨을 내놓을 수 있습니다. 테러리스트들은 사실 몰라서 목숨을 내놓고 극도의 증오 때문에 목숨을 버립니다. 그러나 정말 사랑한다면 목숨을 아까워하지 않지요. 돈을 사랑하면 목숨 걸지 않습니까? 권력을 탐해도 목숨 내놓지 않습니까? 사랑하지 않아도 목숨 걸 수 있지만, 적어도 사랑하면 목숨 걸지 않을 수 없습니다. 선한 목자란 결국 양 떼를 사랑하는 목자를 말하고, 진정으로 양들을 사랑하는 목자는 예수님밖에 없습니다.

저는 제가 선하지 않다는 것을 알기에 선한 목자는 아니지만 적어도 삯꾼이 되어서는 안 된다고 생각합니다. 그래서 저는 그냥 개가 되어야겠구나 합니다. 개는 목자가 양 떼를 인도할 때 양들이 무리에서 이탈하지 않도록 돕는 역할을 합니다. 또 목자가 아닌 사람이나 짐승이 양 떼에 얼씬거리지 못하도록 보호합니다. 그리고 개는 최소한 선한 목자는 한 분이라는 것을 압니다. 저는 이런 개라도 되어야겠다 다짐합니다.

선한 목자는 예수님 한 분입니다. 삯꾼을 분별하려고 애쓸 필요가 없습니다. 예수님만 따라가면 됩니다.

예수님이 삯꾼은 다 절도요 강도라고 하셨습니다. 예수님 앞서 온 자들도 절도요 강도라 했고 예수님 뒤에 온 자들도 역시 마찬가지입니다. 절도요 강도인 삯꾼 목자의 특징은 편 가르기를 하는 것입니다. 내 양, 남의 양 식별해서 내 양에는 아예 낙인을 찍습니다. 가톨릭 신자들은 어느 성당에 가느냐고 묻지 않는데 유독 개신교 신자들은 어느 교회 나가느냐고 곧잘 묻습니다. 왜 예수님의 양들에 교회의 낙인을 찍습니까? 왜 예수님의 양들에 목사의 낙인을 찍습니까?

베이직교회의 성도들은 어느 한 교회의 교인이 되지 않기로 결정한 사람들입니다. 그냥 예수님의 제자가 되고, 예수님의 교회가 되기로 결심한 사람들입니다. 누가 어느 교회 다니느냐고 물으면 "제가 교회입니다"라고 대답하면 됩니다. 이 대답은 예수님이 불러 주신 것이고 예수님이 진심으로 원하시는 것입니다.

바울에게 고린도 교회 안에 갈등이 생겼다는 소식이 들렸습니다. 세례를 누구한테 받았느냐를 놓고 파벌 싸움이 일어난 것입니다. 바울이 흥분해서 그들을 꾸짖었습니다.

"바울이 너희를 위해 십자가를 졌느냐? 왜 나한테 줄을 서느냐? 바울이 심고 아볼로가 물 좀 주었기로서니 누가 너희를 자라게 하느냐? 자라게 하시는 분은 오직 하나님 한 분 아니냐? 왜 싸우느냐? 바울이나 베드로, 아볼로를 선한 목자로 착각했거나 아니면 네 자신이 선한 목자인 양 착각하기 때문 아니냐?"

하나님께서 자라게 하시지 않으면 씨 뿌리고 물주는 일은 아무것도 아닙니다. 선한 목자인 하나님께서 생명을 주시지 않으면 사람은 아무것도 아니라는 겁니다.

선한 목자는 한 분입니다. 참 목자는 예수님 한 분입니다. 그러므로 사람을 선한 목자라 착각하고 따르지 마십시오. 목사가 여러분을 안다고, 알아줄 것이라고 생각하지 마십시오. 안다는 것은 사랑한다는 것이고 사랑한다는 것은 대신 죽을 수 있다는 뜻입니다.

선한 목자는 우리 밖의 양에도
관심이 많다

> 또 이 우리에 들지 아니한 다른 양들이 내게 있어 내가 인
> 도하여야 할 터이니 그들도 내 음성을 듣고 한 무리가 되어
> 한 목자에게 있으리라 요 10:16

제사장들과 바리새인들은 어떤 사람들입니까? 스스로 목자라고 생각하는 사람들입니다. 그러나 예수님은 그들의 정체를 밝히십니다.

"너희들이 목자라면 삯꾼 목자다. 양 떼가 너희 목적을 위한 수단이기 때문이다. 너희들도 지지 않는 무거운 짐을 양 떼에게 지우기 때문이다. 그들에게 위험이 닥치면 먼저 도망가기 때문이다. 더구나 너희들은 우리 밖에 있는 양들에게는 아무 관심도 없기 때문이다. 그러나 선한 목자는 양이 비록 내 우리에 속하지 않았을지라도 내가 인도해야 하는 양들이어서 내가 안다."

이와 함께 예수님은 이방인을 향한 하나님의 뜻을 밝히십니다.

"비록 양이 우리 밖에 있을지라도 어느 날인가 내 음성을 듣고 우리 안의 양들과 한 무리가 되어 한 목자에게 있을 것이다."

유대인은 사마리아인을 쳐다보지도 않았습니다. 이방인을 사람으로 여기지도 않았습니다. 그러나 선한 목자는 다릅니다. 내

게 득이 되느냐 안 되느냐, 돈이 되느냐 안 되느냐가 기준이 아닙니다. 내 우리 안에 있느냐 아니냐에도 묶이지 않습니다.

예수님은 이 교회 저 교회에 묶이지 않습니다. 예수님은 심지어 교회 안에 있느냐 교회 밖에 있느냐에도 갇히지 않습니다. 우리는 주일에 예배드리러 교회에 오는 사람과 등산 가는 사람이 천지차이처럼 달라 보이지만 예수님은 우리와 차원이 다른 관점에서 바라보십니다. 주일에 등산 가는 사람들을 어떻게 예배의 자리로 인도할 것인가에 동일한 관심이 있으십니다. 그리고 자신이 예배의 자리에 있다고 철석같이 믿고 있지만 양 떼를 모르고 사랑하지 않으며 심지어 양 떼를 헤매게 하는 바리새인들을 더 안타까워하십니다. 우리가 하나님의 시선을 갖는다는 것은, 교회를 다니건 아니건 그들을 하나님의 눈으로 보는 것입니다.

선한 목자는 목숨을 얻기 위해
목숨을 버린다

> 17 내가 내 목숨을 버리는 것은 그것을 내가 다시 얻기 위함이니 이로 말미암아 아버지께서 나를 사랑하시느니라 18 이를 내게서 빼앗는 자가 있는 것이 아니라 내가 스스로 버리노라 나는 버릴 권세도 있고 다시 얻을 권세도 있으니 이 계명은 내 아버지에게서 받았노라 하시니라 요 10:17-18

선한 목자는 목숨을 버립니다. 그런데 그 이유가 목숨을 얻기 위해서라고 합니다. 여기서 얻는 목숨과 버리는 목숨의 차이를 우리는 이미 압니다. 육신의 목숨을 버리고 영원한 목숨, 영생을 얻는 것입니다. 예수님이 썩을 양식을 위해 일하지 말라, 영생하는 생명을 위해 일하라 하실 때 알려 주셨습니다. 죽지 않는 생명을 위해 죽을 목숨을 쓰라는 것입니다. 하나님께서 예수님을 사랑하시는 까닭입니다. 하나님께서 자녀들을 사랑하시는 까닭입니다.

하나님의 뜻이 무엇입니까? 하나님의 뜻은 목숨을 다해 생명을 전하는 것입니다. 목숨을 다하는 일이 곧 나를 버리는 것입니다.

그런데 예수님은 이걸 권세라고 하십니다. 다른 말로 권리입니다. 세상은 자기를 주장하는 것을 권리라고 생각하지만 예수님은 자기를 포기하는 것이 권리라고 하십니다. 나를 주장할 수 있지만 나를 포기하는 선택과 결정이 권리, 권세, 권위라는 것입니다.

이 권리를 기꺼이 사용하겠습니까? 예수님은 결국 십자가를 지는 것도 권리라고 암시하고 계십니다. 세상은 예수님이 부당하게 사형선고를 받고 선고가 내려지기 무섭게 억울하게 십자가 처형을 당했다고 생각하겠지만, 예수님은 그것이 스스로 선택한 권리라고 하십니다. 구원의 역사를 이루기 위해 십자가를 선택하는 것이야말로 가장 신성한 권리라는 게 하나님의 마음이고 예수님의 선포입니다. 자기 권리를 포기하는 것이 억지로 됩니까? 억지로 할 수는 있겠지만 얼마나 가겠습니까? 베드로가 이 사실을 깨닫고 우리를 권면합니다.

> 2 너희 중에 있는 하나님의 양 무리를 치되 억지로 하지 말고 하나님의 뜻을 따라 자원함으로 하며 더러운 이득을 위하여 하지 말고 기꺼이 하며 3 맡은 자들에게 주장하는 자세를 하지 말고 양 무리의 본이 되라 4 그리하면 목자장이 나타나실 때에 시들지 아니하는 영광의 관을 얻으리라 벧전 5:2-4

베드로는 예수님을 목자장(Chief Shepherd)이라고 표현합니다. 예수님은 선한 목자이자 목자장입니다. 영광의 관을 씌워 주시는 분입니다.

베드로는 양 무리를 돌보는 출발점을 점검합니다. 무엇보다 먼저 '자원하는 마음'입니다. 이건 누가 시켜서 하는 것도 아니고 시킨다고 할 수 있는 것도 아닙니다. 이득을 따지고 계산하지 않는 마음입니다. 나를 내세우고 주장하지 않는 태도입니다. 그리고 다른 이들의 본이 되는 삶입니다. 본이 되는 사람이란 앞서가는 사람입니다. 앞서가는 것이 결코 편하지 않습니다. 손해 볼 때가 더 많습니다. 그래서 억지로 하지 말라는 것이지요.

예수님은 생명을 얻기 위해 목숨을 버린다고 말씀하셨고, 실제로 십자가에서 그 목숨을 내려놓으셨습니다. 전 생애를 양들을 위해 아낌없이 쓰셨습니다. 우리도 제 목숨을 쓰고 갑니다. 자기만 위해 목숨을 쓰고 가는 사람이 있는가 하면 다른 사람을 위해 쓰고 가는 사람이 있습니다. 마틴 루터 킹은 우리의 영성이 그 목숨 쓰는 방법에 달렸다는 것을 알려 줍니다.

"내 빵을 위해 사는 것은 물질적이지만 남의 빵을 위해 사는 것은 영적이다."

빵을 위해 일하는 모습에는 차이가 없습니다. 그러나 그 내용은 다릅니다. 빵이 절실한 누군가의 빵을 위해 일하는 것이 곧 영원한 생명의 양식을 위해 일하는 것이지요. 그래서 다른 사람에게 월급 주기 위해서 열심히 사업하는 것은 좋은 일입니다.

제가 요즘 자주 찾는 지압 침구사가 있는데 앞을 못 보는 분입니다. 가만 보니 돈을 많이 버는 것 같아 "돈 벌어서 어디에 쓰세요?" 했더니 "아이구! 제가 돈을 어디에 쓰겠어요? 온 집안에 돈 버는 사람이 저 혼자입니다" 하는 겁니다. 앞을 못 보는 이분이 눈이 멀쩡한 식구들을 먹여 살린다는 겁니다. 학교도 제대로 다니지 않은 듯하고 교회도 나가지 않는 듯한데 말하는 게 영적입니다.

"제가 고치는 게 아닙니다. 그냥 현상 유지만 해 드리는 거예요."

솔직한 것이 영적인 것입니다. 욕심이 없고 허세를 부리지 않는 것이 영적인 것입니다.

요즘 젊은이들은 남을 위해 산다고 말하면 믿지 못합니다. 그러나 나의 권리를 위해 싸우는 것은 보기에 부담스럽지만 타인의 짓밟힌 권리를 위해 대신 싸워 주는 것은 영적인 일입니다. 다만 말로는 남을 위해 산다고 하면서 실상은 누구보다 자신을 더 섬기는 사람들이 많아서 문제입니다. 차라리 솔직하게 나 자신만을 위해 산다고 말하는 게 나도 속이지 않고 남도 속이지 않아 더 낫습니다. 사람들이 교회와 크리스천에게 고개를 돌리는 것도 같은 이유입니다. 남을 위해 무슨 일을 해야겠다면 드러내지 말고 해야 합니다. 그래야 땅에 떨어진 교회와 크리스천의 신뢰가 회복될 수 있습니다.

사람들이 살아납니까? 사람들이 예수님께 나아갑니까? 사람들이 영생에 관심을 갖게 합니까? 선한 목자와 삯꾼을 구별하는 기준이 될 수 있습니다. 그런데 이보다 더 본질적인 기준이 있습니다. 바로 예수님만이 선한 목자라는 사실을 기억하는 것입니다. 예수님만이 우리가 영원에서 영원까지 따라야 할 선한 목자입니다. 그분을 따르면 실망할 일도 없고 길을 잃을 일도 없습니다.

저는 가끔 예수님을 안 만났으면 어떻게 살았을까 생각하곤 합니다. 살아 있을지도 미지수이고, 살았다면 아마 엄청난 수치를 겪었을 것입니다. 그리고 제 주위 사람들을 불행하게 했을 것입니다. 지난날 저는 단지 나 자신을 위해 전력 질주했습니다. 더러 사람들을 위해 손해 보는 일도 있었지만, 다 내 야망과 성공을 위해 계산된 행동이었을 뿐입니다. 죽을힘을 다해 달려가는 그 길이 죽음을 향한 길인 줄도 모르고 달려갔습니다.

그렇게 달려 절벽 끝에 이르러서야 예수님을 만났습니다. 선한 목자를 만났습니다. 예수님은 누구입니까? 선한 목자입니다. 참 좋은 목자입니다.

예수님은 억지로 우리에게 무슨 일을 시키지 않습니다. 우리에게 짐을 지우지 않습니다. 오히려 제발 짐을 내려놓으라고 하십니다. 양들은 원래 아무 짐도 지지 못하는 짐승입니다. 나귀나 노새는 짐을 지는 것이 사명이고 양들은 그냥 목자를 따라다니는 것이 사명입니다. 그러므로 우리가 할 일은 그분을 따르는 것입니다. 예수님을 사랑하는 것뿐입니다.

함께 나눔

1. 유대인들은 하나님을 알았고 믿었으나 아는 것이나 믿는 것에 상관 없이 살았습니다. 하나님을 안다는 것은 무엇입니까? 아는 대로, 믿는 대로 살고 있습니까?

2. 나를 주장할 수 있지만 나를 포기하는 선택과 결정이 우리의 권리이고 권세이며 권위입니다. 오늘날 교회와 크리스천에게 권위가 있습니까? 없다면 무엇을 포기하지 않은 겁니까?

5

부활 생명
죽음을 넘어 영원한 생명에 접속하다

저는 가끔 아플 때가 있습니다. 그리고 아플 때 감사합니다. 살아 있기 때문에 아픈 것 아닙니까? 힘들 때가 많습니다. 힘들 때 역시 감사합니다. 아직 숨 쉬고 있기 때문 아닙니까? 누가 시비를 걸 때가 있습니다. 이 또한 감사합니다. 제가 살아 있다는 증거 아닙니까?

소크라테스나 공자, 붓다에게 시비를 거는 사람은 없습니다. 죽었기 때문이고 무덤에 묻혔기 때문입니다. 그러나 오직 예수님께는 시비를 겁니다. 왜입니까? 예수님은 무덤에 없기 때문입니다. 예수님은 살아 계시기 때문입니다. 왜 무신론이 생겼습니까? 하나님이 계시기 때문입니다. 하나님이 정말 없다고 믿는 사람은 무신론을 입에 올리지도 않습니다. 하나님이 계시기 때문에, 특히 하나님이 두렵기 때문에 없다고 말하는 것입니다.

예수님은 십자가에서 분명히 죽으셨습니다. 시신을 무덤에 안치하기까지 했습니다. 그런데 사흘 만에 부활하셨습니다. 40일간 500여 명이 부활한 예수님을 직접 만났고 목격했습니다. 더구나 예수님은 살아생전에 이 사실을 미리 말씀하셨습니다. 제자들 가운데 예수님의 십자가와 부활을 이해한 사람은 아무도 없었지만 말입니다.

제자들은 부활한 예수님을 보고 나서야 그동안 하신 모든 말씀과 이적과 변화산에서 일어난 일들이 하나의 궤적을 따라 연결된다는 사실을 깨닫게 되었습니다. 그리고 이때부터 제자들은 매우 진지해지기 시작했고, 성령의 강림으로 완전히 새로운 삶을 살게 됩니다.

예수님은 이 모든 일이 일어나게 될 전조를 한 사건을 통해 보여 주셨습니다. 바로 죽은 나사로를 무덤에서 다시 일으킨 사건입니다.

믿음은
기다림으로 자란다

베다니는 예루살렘에서 동쪽으로 3km 떨어진 곳으로, 지금도 주민 천여 명이 살고 있는 마을입니다. 그 마을에 사는 나사로가 병들었습니다. 예수님이 사랑하는 사람입니다. 나사로의 누이 마리아와 마르다가 오빠인 나사로가 병들었다고 예수님께 전갈을 보냅니다. 그런데 예수님이 이 전갈을 듣고는 전혀 뜻밖의 태도를 보이십니다.

> 예수께서 들으시고 이르시되 이 병은 죽을 병이 아니라 하나님의 영광을 위함이요 하나님의 아들이 이로 말미암아 영광을 받게 하려 함이라 하시더라 요 11:4

맹인의 눈을 뜨게 하실 때도 비슷한 말씀을 하셨습니다. "그가 앞을 못 보는 것은 이 사람의 죄도 아니고 부모의 죄도 아니다. 하나님이 하시는 일을 나타내려는 것일 뿐이다"라고 말입니다. 나사로가 병든 것은 하나님의 영광과 그 아들의 영광을 위한 것이라고 하십니다. 그러고는 오히려 지체하며 이틀을 더 기다린 후에 이제 나사로가 잠들었으니 내가 깨우러 가겠다고 하십니다.

제자들이 도통 무슨 말씀인지 이해할 수 없어 "나사로가 잠들었으면 이제 낫겠지요" 하고 엉뚱한 말을 합니다. 예수님이 나사로가 죽었다면서 이 사건은 너희의 믿음을 위한 것이라고 일러주시자, 도마는 "우리도 주님과 함께 죽으러 가자"는 정신없는 소리를 합니다.

17 예수께서 와서 보시니 나사로가 무덤에 있은 지 이미 나흘이라 18 베다니는 예루살렘에서 가깝기가 한 오 리쯤 되매 19 많은 유대인이 마르다와 마리아에게 그 오라비의 일로 위문하러 왔더니 20 마르다는 예수께서 오신다는 말을 듣고 곧 나가 맞이하되 마리아는 집에 앉았더라 요 11:17-20

이 본문을 보면 마리아의 마음이 무척 상했음을 짐작할 수 있습니다. 마리아는 예수님이 오시면 늘 발치에 앉아 말씀에 귀 기울이던 여인이었습니다. 또 예수님의 발에 향유를 붓고 머리카락으로 예수님의 발을 씻었습니다. 그런 마리아이기에 예수님이 오신다는 소식을 듣고 버선발로 뛰어나갈 법한데도 이번에는 아닙니다. 오빠가 많이 아프니까 빨리 와 달라는 소식을 전했음에도 예수님이 서둘러 오시지 않아서 서운했던 모양입니다. 예수님이 서둘러 오셨다면 오빠가 죽지 않았을 거라는 원망도 있었겠지요.

우리는 우리의 기도가 즉각 응답되기를 바라지만 그렇지 않을 때가 있습니다. 왜 그럴까요? 예수님의 시간과 우리 시간이 다르기 때문입니다. 마리아의 시간은 나사로가 죽기 전에 예수님이 도착하는 것이고, 예수님의 시간은 나사로가 죽고 나서 도착하는 것입니다. 마리아의 계획은 오빠가 예수님의 도움으로 병이 치유되는 것이고, 예수님의 계획은 죽은 나사로를 살려서 부활의 메시지를 선포하는 것입니다. 이처럼 인간의 시간과 계획은 하나님의 시간과 계획과 많이 다릅니다. 그러므로 예수님이 내 계획대로 움직이시지 않는다고 불평하고 안달해서는 안 됩니다.

믿음은 기다림으로 자랍니다. 믿음은 곧 인내하는 것입니다. 믿음이 있다는 것은 기다릴 줄 안다는 것입니다. 비록 무화과나무가 무성치 못하고 포도나무에 열매가 없고 감람나무에 소출이 없고 밭에 식물이 없고 우리에 양이 없고 외양간에 소가 없을지라도 기다릴 줄 아는 것이 믿음입니다. 그것도 기뻐하며 기다리는 것입니다. 믿음이 없으면 못 기다립니다. 믿음이 없으면 안달합니다. 우리가 초조하고 짜증이 나는 것은 기다리는 것이 힘들기 때문입니다.

우리의 믿음이 자라는 방법은 오직 기다림, 즉 인내를 훈련하는 것입니다. 아브라함은 아들 하나를 얻는 데 25년을 기다려야 했고, 요셉은 최선을 다해도 최악의 상황이 달라지지 않는 삶을 13년이나 견뎌야 했습니다. 다윗도 젊은 시절의 대부분을 도망자로 살며 하나님의 때를 기다렸습니다. 이스라엘 백성이 가나안 땅에 들어가기까지 40년이 걸렸고, 예수님조차도 공생애를 위해 30년을 기다리셨습니다. 그래서 지나고 보면 믿음만큼 기다리고 기다리는 만큼 믿음이 자란 것을 깨닫게 됩니다.

그러나 기다림은 쉬운 일이 아닙니다. 정작 믿음으로 기다리지만 현실은 피가 마르고 온몸의 진액이 빠져나가는 고통을 겪을 때가 있습니다. 이러다 끝나는 게 아닌가 싶습니다. 실제로 이러다가 끝나기도 합니다.

오빠 나사로가 이러다가 죽는 것 아닌가, 마리아와 마르다는 이제나저제나 오시려나 목을 빼고 기다렸지만 끝내 예수님은 나타나지 않고 나사로가 죽었습니다. 조문객들만 방문했을 따름입니다. 뒤늦게 오신 예수님이 원망스럽고 서운해서 마리아는 집에 머물고 마르다만 예수님을 맞으러 나갑니다.

'모른다'고 인정하는 것이
믿음이다

> 마르다가 예수께 여짜오되 주께서 여기 계셨더라면 내 오라버니가 죽지 아니하였겠나이다 요 11:21

마르다도 편치 않은 마음을 드러냅니다. 일찍 오셨더라면 오빠가 살았을 텐데 속상하다고 말합니다.

> 그러나 나는 이제라도 주께서 무엇이든지 하나님께 구하시는 것을 하나님이 주실 줄을 아나이다 요 11:22

이제라도 주님이 기도해 주시면 무슨 다른 일이 일어날 거라고 합니다. 마르다가 믿음이 있어 보입니다. 그러나 그 믿음의 속내를 들여다보면 믿음이라기보다 여전히 인간적인 수준의 기대와 희망입니다. 예수님을 주님이라고 불렀지만 예수님이 누구신지 정확히 모르고 있습니다. 그래서 그 말에 확신이 없습니다.

아이를 무슨 일이 있더라도 살리겠다는 회당장 야이로나, 말씀만 하시면 하인이 나을 수 있다는 백부장이나, 개도 상에서 떨어진 부스러기를 받아먹는다는 수로보니게 여인의 믿음과 달리 마르다에겐 간절함이 보이지 않습니다.

예수님이 말씀만 하시면 모든 상황이 반전된다는 사실을 받아들이는 것이 믿음입니다. 예수님을 통하면 무슨 일이든 이루어질 수 있다는 것을 미루어 짐작하는 것과 예수님이 반드시 말씀으로 응답해 주신다고 믿는 것은 비슷해 보일지 몰라도 전혀 다릅니다.

> 23 예수께서 이르시되 네 오라비가 다시 살아나리라 24 마르다가 이르되 마지막 날 부활 때에는 다시 살아날 줄을 내가 아나이다 요 11:23-24

예수님이 "나사로가 다시 살 것이다" 말씀하시면 "아멘" 하고 그 말씀을 받으면 됩니다. 그러나 마르다는 마지막 날의 부활에 대해 들어 알고 있다고 말합니다. 마르다는 '내가 알고 있다'고 말하지만 사실은 예수님이 누구신지도 모르고 부활이 어떤 것인지도 제대로 모릅니다. 그런데도 그녀는 '안다'고 말합니다.

모르면서 안다고 생각하기 때문에 능력이 없습니다. 모르면 모른다고 말해야 합니다. 모르면서도 아는 체해선 안 됩니다. 오죽하면 소크라테스가 '나는 내가 모른다는 것을 안다'고 말하면서 제발 아는 체하지 말고 모르는 '너 자신을 알라'고 말했겠습니까?

우리의 가장 나쁜 습관 중 하나가 모르면서 안다고 생각하는 것입니다. 모르면서 안다고 생각하는 이 습관이야말로 분쟁의 씨앗입니다. 모르면서 아는 체하느라 이건 이래야 하고 저건 저래야 한다고 시비를 일삼기 때문입니다.

이런 사람들은 말씀을 먹는 대신 말씀을 분석하고 해석하고 자기가 이해한 만큼만 적용합니다. '말씀을 묵상하라' 할 때 '묵상'은 말씀을 되새김질해서 먹고 소화하라는 뜻입니다. 비둘기가 종일 같은 소리를 내듯 그 말씀이 내 입술의 언어가 되는 것을 말합니다. 그럴 때 말씀은 능력이 되고 인생에 변화를 일으킵니다.

왜 우리 삶에 변화가 없습니까? 여전히 내 생각대로 살기 때문입니다. 어제나 오늘이나 내가 안다고 생각하는 대로 살기 때문입니다. 말씀을 알고 말씀대로 사는데 변화가 일어나지 않을 리 없습니다. 말씀을 내가 이해한 방식대로 안다고 믿고 살기 때문에 변화가 없는 것입니다. 더 나쁜 것은 내가 잘못 이해한 방식대로 해롭게 믿고 살기 때문에 믿음 없는 사람보다 더 주변 사람들과의 관계를 깨뜨립니다.

말씀을 정말 아십니까? 스스로 묻고 정직하게 대답해 보십시오. 말씀으로 인해 삶에 어떤 변화가 일어났습니까? 얼마나 변했습니까? 묻고 또 물어야 합니다. 삶에 변화가 없다면 말씀을 읽었다고, 말씀을 안다고 말해서는 안 됩니다. 하나님을 내 생각 하나 못 바꾸고 내 마음 하나 못 바꾼 우상으로 만드는 것이 하나님의 이름을 망령되이 일컫는 죄입니다.

베이직교회는 말씀 읽는 것 외에 다른 일이 없습니다. 아침 예배와 주일 예배 드리는 것 외에 다른 일이 별로 없습니다. 말씀으로 충분하다고 믿기 때문입니다. 말씀대로 사는 삶의 변화로 충분하다고 믿기 때문입니다. 읽고 들은 말씀대로 사는 것 외에 다른 양육이 필요하지 않다고 믿기 때문입니다. 양육 프로그램이나 훈련 프로그램이 필요하다면 다른 교회에 가야 할 것입니다. 베이직교회는 말씀을 읽고 먹음으로 우리 각자가 교회 되는 것이 목표이고 방향입니다. 교회란 내가 말씀대로 변화된 삶을 말합니다.

저는 말씀과 성령 외에 다른 것이 필요하다는 견해나 주장을 경계합니다. 말씀과 성령 외에 나머지는 다 세상에서 구할 수 있습니다. 세상에서 구할 수 있는 것을 교회에 와서까지 구할 필요가 없습니다. 세상에서 구한 것을 교회에 가져올 필요도 없습니다. 교회에서 세상의 것을 구하고 세상의 것을 교회로 가져오면 교회가 세상을 닮게 됩니다. 결국 교회가 변질되고 무너집니다.

그러므로 예수님으로 충분합니다. 말씀으로 충분합니다. 끊임없이 내 생각을 고집하고 주장하는 사람들 때문에 교회가 능력을 잃습니다. 교회에 온 사람들이 말씀을 못 듣고 못 먹게 해서 변화되지 못하게 방해하기 때문입니다.

말씀대로 살기 위한 단 한 가지 전제는 내가 모른다는 사실을 인정하는 것입니다. 말씀대로 변하는 단 한 가지 전제는 내가 틀렸음을 인정하는 것입니다.

제가 성경을 읽기 시작하면서 그리고 믿음을 결단하면서 정한 원칙이 있습니다. 바로 '나는 모릅니다. 주님은 다 아십니다. 나는 틀렸습니다. 주님은 언제나 옳습니다'입니다. 그래서 누군가 제게 "당신 틀렸어" 하면 주저 없이 "맞습니다. 제가 틀렸습니다" 하고 말합니다. 하지만 이때 말하고 싶지만 말하지 않은 것이 있습니다. "주님 앞에서 틀린 것이지 당신 앞에서 틀린 것이 아닙니다. 나도 당신도 다 틀렸기 때문입니다."

'안다' 하지 말고
'믿으라'
예수님이 '안다'는 마르다에게 뭘 알아야 하는지가 아니라 뭘 믿어야 하는지를 알려 주시기로 작정하십니다.

> 25 예수께서 이르시되 나는 부활이요 생명이니 나를 믿는
> 자는 죽어도 살겠고 26 무릇 살아서 나를 믿는 자는 영원히
> 죽지 아니하리니 이것을 네가 믿느냐 요 11:25-26

예수님은 드디어 자꾸 안다는 마르다를 향해 우리가 반드시
믿어야 할 말씀을 선포하십니다. "내가 부활이다." 이 부활이라
는 단어 '아나스타시스'는 '일어나다, 잠에서 깨어나다, 다시 회
복되다, 위로 올라가다'라는 동사에서 비롯된 말입니다. 그래서
예수님이 부활이라는 말씀 뒤에 생명을 덧붙이십니다. "나는 부
활이고 생명이다." 물론 이 생명은 '조에'를 말합니다. 예수님은
부활 생명, 곧 다시 일어나는 생명, 잠자다가 다시 깨어나는 생
명, 땅에서 하늘로 올라가는 생명입니다. 그래서 예수님은 나사
로가 잠들었다, 나사로를 다시 깨우러 간다고 표현하신 것입니
다. 그리고 사도행전은 예수님이 하늘로 올라가는 것을 제자들
이 목격하는 것으로 시작됩니다.

> 이 말씀을 마치시고 그들이 보는데 올려져 가시니 구름이
> 그를 가리어 보이지 않게 하더라 행 1:9

예수님의 승천은 부활 생명의 승귀, 오셨던 곳으로 올라가서 돌아가는 모습을 나타냅니다. 예수님이 부활입니다. 다시 올라가는 생명입니다. 예수님이 부활 생명입니다. 예수님은 이 부활 생명이 있어야 아버지가 계신 곳으로 올라갈 수 있다는 것을 알려 주셨고 보여 주셨습니다. 그리고 아버지께로 가서 나 있는 곳에 너희도 올 거처를 마련할 것이라고, 거처로 너희를 데려올 부활 생명, 영생하는 생명, 곧 성령을 너희에게 보내 주리라고 약속하셨습니다. 그리고 그 약속을 지키셨습니다.

이 부활 생명을 어떻게 받습니까? 믿음으로 받습니다. 믿음으로 그 부활 생명을 받으면 어떤 변화가 일어납니까? 죽어도 삽니다. 예수님은 나를 믿고 부활 생명을 받는 자는 죽어도 산다고 말씀하십니다. 죽어도 사는 것이 무슨 말입니까? 죽지 않는다는 말 아닙니까? 그래서 한 번 더 강조하십니다. "살아서 나를 믿는 자는 영원히 죽지 않는다." 살았다, 죽었다 하는 표현이 조금 혼란스럽습니까?

다시 정리합니다. 예수님은 누구입니까? 생명입니다. 죽지 않는 생명입니다. 죽을 수밖에 없는 사람이 이 죽지 않는 생명에 접속되면 죽지 않습니다. 유한은 무한에 접속되면 무한이 됩니다. 무한은 유한에서의 해방입니다. 영생은 죽음에서의 해방입니다. 이게 구원입니다. 그래서 구원은 영생입니다. 구원은 죽는 생명이 죽지 않는 생명에 접속되는 사건입니다.

접속 방법은 무엇입니까? 믿음입니다. 접속 아이디는 예수 그리스도이고 패스워드는 믿음입니다. 다 가르쳐 주셨습니다. 예수를 그리스도라고 믿는 것이 영생이고 부활 생명입니다. 영생에 접속하기 위해서는 믿음이라는 패스워드 없이는 불가능합니다. 사람들은 이 패스워드를 가르쳐 주어도 여기 접속하려고 들지 않습니다. 마르다는 드디어 받아들입니다.

> 이르되 주여 그러하외다 주는 그리스도시요 세상에 오시는 하나님의 아들이신 줄 내가 믿나이다 요 11:27

마르다가 안다고 말하다가 드디어 믿는다고 말합니다. 아는 것에 그치면 갈등이 없습니다. 그러나 믿음은 내 안에 갈등을 초래합니다. 믿음은 의지요 결단이기 때문입니다. 그냥 알고만 있으면 갈등이 없습니다. 알고만 있으면 움직이지 않고 가만있어도 됩니다. 그러나 믿음은 나를 여기서 저기로 옮기는 의지와 결단이어서 때로 귀찮고 힘들고 번거롭습니다.

그래서 많은 사람들이 위험 부담이 있는 믿는다는 말을 잘 하지 않습니다. "네, 제가 압니다." 이 정도로 지내기를 원합니다.

"다음 주 원고 마감입니다."

"예, 제가 압니다."

이건 약속이 아닙니다.

"예, 다음 주까지 원고 보내겠습니다."

이건 약속이고 약속을 지키겠다는 의사를 서로가 확인하는 결단입니다.

예수님은
부활이시다

예수님은 자신이 누구인지를 드러내십니다. 하나님이 누구신지를 알려 주십니다. 나는 생명의 떡이다, 세상의 빛이다, 양의 문이다, 선한 목자다. 여기까지는 그래도 동의하기가 어렵지 않습니다. 그러나 나는 부활이다, 부활 생명이다는 부담스럽습니다. 특히 나를 믿는 자는 죽음을 보지 않을 것이라는 말에는 동의하기가 참 어렵습니다.

예수님을 믿는 사람들도 죽습니다. 특히 저는 목사로서 입관 예배를 드릴 때가 있습니다. 시신을 염습하는 모습을 지켜보며 예배를 드립니다. 제 눈앞에는 분명 시신이 놓여 있습니다. 이 시신을 우리는 주검이라고 부릅니다. 또는 시체, 사체라고도 하지요. 이 주검만 보면 죽음은 엄연히 우리 눈앞에서 일어나는 사건입니다. 그러나 만약 부활 생명이 눈앞에 보인다면 어떻겠습니까? 생명이 사라지는 현상을 가리키는 죽음은 당연히 없는 일이 됩니다.

예수님은 부활입니다. 예수님은 부활 생명입니다. 이 생명은 선택이 아닙니다. 실은 이걸 선택으로 여기는 것보다 어리석고 안타까운 일이 없습니다. 그런데 더 안타까운 일은 이 부활 생명을 갖고도 생명이 없는 사람들과 다를 바 없이 살아가는 것입니다. 왜 죽기 살기로 삽니까? 죽기 때문에 죽기 살기로 삽니다. 안 죽는다면 죽기 살기로 살 이유가 없지요. 부활 생명을 가진 사람은 죽기 살기로 살지 않습니다. 죽음을 초월해서 사는 것입니다. 죽음의 불안, 곧 존재의 불안에서 자유하면서 사는 것입니다.

자살이 죄다, 아니다 논쟁할 이유가 없습니다. 죽음이 없는데 자살이 가능합니까? 자살은 죽음이라는 환상의 덫에 걸렸다는 뜻이고 오히려 죽음에 묶이는 일입니다. 우리는 언젠가 죽습니다. 그런데 죽지 않습니다. 이 역설이 믿음입니다. 우리의 생명은 끝납니다. 그런데 우리의 생명은 끝나지 않습니다. 이 역설이 신앙입니다.

예수님은 이 역설의 신앙을 위해 이 땅에 오셨습니다. 예수님은 이 역설의 믿음을 심어 주기 위해 이 땅에 오셔서 죽은 나사로를 다시 살리는 사건을 일으키셨습니다. 사람들이 나사로가 확실히 죽었다는 것을 확인하도록 시신에서 냄새가 날 때까지 기다리셨습니다. 나사로가 소생한 것이 아니라 부활했음을 보여 주기 위해 마르다와 마리아의 간청에도 불구하고 그들을 기다리도록 하신 것입니다.

요한복음 11장 35절은 성경에서 가장 짧은 구절 중 하나입니다. 그 내용은 예수님이 우셨다는 것입니다.

"예수께서 눈물을 흘리시더라."

영어성경(NIV)은 이보다 짧습니다.

"Jesus wept."

예수님은 왜 우셨을까요? 곧 다시 살리실 텐데 왜 우셨을까요? 죽음에 대한 인간의 연약함을 보시고 슬퍼하신 것입니다. 죽음이라는 허상 앞에 끝없이 두려워하는 인간을 위해 흘리는 눈물입니다. 예수님이 눈물을 보이신 일이 요한복음에만 기록되어 있습니다. 죽음 앞에서 갈피를 잡지 못하는 인간의 안타까운 모습을 보며 예수님이 눈물을 흘리십니다.

이때 유대인들이 수군댑니다. 예수님이 정말 나사로를 사랑하셨나 보다, 그렇게 사랑했으면 좀 일찍 와서 살리시지 하고 수군거리는 소리가 예수님의 귀에도 들립니다.

예수님은 돌문을 옮겨 놓으라고 한 뒤 큰 소리로 부르십니다.

"나사로야, 나오라."

둘러선 사람들의 놀란 표정이 상상이 됩니까? "지금 뭐 하시는 거지?" 사람들이 자기 귀를 의심합니다. 그런데 다음 순간 더 놀라운 일이 일어났습니다. 나사로가 온몸을 베로 동인 채로 그리고 얼굴이 수건에 싸인 채로 걸어 나온 것입니다. 심장이 약한 사람이라면 그 자리에서 졸도했을지도 모릅니다.

이 사건을 전해 듣고 대제사장 가야바를 비롯한 제사장들과 바리새인들이 예수님을 죽여야겠다고 확실하게 결의하게 됩니다. 더 이상 소란을 방치해선 안 된다고 자기들끼리 합의를 보았습니다. 그러고는 이대로 두면 로마인들이 유대 땅과 민족을 빼앗아 가리라는 명분을 내세웠습니다. 이런 논리를 내세우는 사람들이 종교인들이고 정치인들입니다.

아무튼 이 일로 인해 나사로는 유명해졌습니다. 베드로가 몇 발자국이나마 물 위를 걸은 첫 인간이 된 것처럼 나사로는 무덤에서 수의로 사지를 동여맨 채로 걸어 나온 첫 인간이 되었습니다. 하지만 나사로는 안타깝게도 얼마간 더 살다가 다시 죽었습니다. 그는 두 번 죽는 일을 겪어야 했습니다.

예수님은 나사로 사건을 십자가의 죽음과 부활을 예고하는 티저 영상처럼 사용하셨습니다. 그렇다면 우리 역시 이 부활 생명의 동일한 시청각 재료가 아니겠습니까? 우리 모두 흑암과 혼돈과 공허라는 죽음의 세계에서 빛의 세계로 부활한 생명의 증인들이 아닙니까? 이미 부활 생명이 주어졌기에 우리는 이미 죽음을 넘어선 영원한 생명의 시간을 살기 시작한 사람들이 아닙니까?

그렇다면 영원한 생명에 접속된 사람은 어떻게 살아야 합니까? 내 안에 이미 부활 생명이 있다면 나는 대체 이 육신의 목숨을 어떻게 써야 합니까? 육신의 목숨이 전부인 줄 알고 살아가는 사람들과 대체 어떻게 같이 살아야 합니까? 이것에 대해 답하며 사는 것이 크리스천의 삶입니다.

　스포츠를 보다 보면 끝날 때까지 끝난 것이 아니라는 사실을 실감합니다. 그래서 사람들이 가장 열광하는 것이 패자부활전입니다. 예수님은 우리를 패자부활전에 초대하십니다. 우리 혼자서는 백전백패합니다. 그러나 예수님과 함께라면 백전백승입니다. 지금까지 모두 졌어도 상관없습니다.

　왜 그렇습니까? 예수님이 부활이요, 부활 생명이기 때문입니다. 예수님이 죽지 않는 생명, 영생이기 때문입니다.

함께 나눔

1. 믿음은 기다림을 통해 자랍니다. 마르다와 마리아처럼 기대가 무너져 고통받은 적이 있습니까? 그 사건을 통해 무엇이 자라났습니까?

2. 부활 생명을 갖고도 생명이 없는 사람들과 다를 바 없이 죽기 살기로 살고 있습니까? 왜 그렇습니까? 내가 자유해져야 할 것이 무엇입니까?

6

길과 진리
세상은 복음으로만 달라진다

예수님이 제자들에게 "너희는 나를 누구라 하느냐?"고 물으셨습니다. 이때 베드로가 정말 중요한 고백을 합니다. "예수님은 그리스도시요 살아 계신 하나님의 아들이십니다." 정말 놀라운 고백입니다. 그러자 예수님은 베드로를 칭찬하면서 이 같은 고백은 네가 혼자 알아서 답할 수 있는 것이 아니라 하늘에 계신 아버지께서 알게 하셨기에 답할 수 있는 것이라고 말씀해 주십니다.

그렇습니다. 예수님은 내가 연구한다고 알 수 있는 분이 아닙니다. 예수님이 스스로를 알려 주셔야 알 수 있는 분입니다.

예수님은 자신을 '길이요 진리'라고 알려 주십니다. "I am the

way and the truth and the life." 이 말씀을 듣고 숱한 사람들이 고개를 돌렸습니다. 왜 많은 길 중 하나라고 하지 않고 오직 하나의 길이라고 하는가, 왜 많은 진리 가운데 하나라고 하지 않고 오직 유일한 진리라고 하나, 그게 못마땅한 것입니다.

그러나 하나님께 가는 길은 하나여야 하고 진리도 하나여야 합니다. 그게 왜 불편합니까? 태양이 하나여서 불편합니까? 태양이 두 개면 우리는 지구에서 못 삽니다. 아버지가 한 분인 것이 불편합니까? 아버지가 여럿이어야 좋겠습니까? 아버지나 어머니가 여럿이면 얼마나 인생이 복잡한지 모릅니다.

믿지 못해서
근심한다

요한복음 14장 1-7절 말씀은 사실 우울한 분위기에서 이뤄진 대화입니다. 본문은 예수님의 마지막 설교인 다락방 강화의 서두에 해당합니다. 마태복음의 산상수훈이 첫 설교이자 대중 설교였던 반면에 요한복음 14-16장의 다락방 설교는 예수님이 열두 제자들에게 하신 마지막 설교입니다. 십자가 지기 전날 밤에 다락방에서 하신 설교입니다.

최후의 만찬을 하면서 예수님은 제자 중에 자신을 배반할 자가 있을 것과 베드로가 자신을 세 번 부인할 것을 예언하셨습니다. 그리고 이날 예수님은 식사 자리에서 일어나 허리에 수건을 두른 뒤 제자들의 발을 씻기셨습니다.

제자들의 심경은 지금 복잡합니다. 왜 복잡합니까? 제자들을 떠나시겠다는 예수님 때문입니다. 그런데 사실은 자기 자신들 때문에 복잡합니다. 남편이 죽으면 아내가 왜 웁니까? 남편을 사랑했기 때문이기도 하지만, 그보다는 대개 혼자 남겨진 자기 자신에 대한 연민 때문에 웁니다. 제자들도 예수님 때문이 아니라 남겨질 자신들 때문에 마음이 어지럽습니다.

자기 연민은 믿음이 아닙니다. 신앙은 연민으로 자라지 않습니다. 신앙은 또 걱정한다고 자라지 않습니다. 예수님은 지금 제자들의 걱정을 아십니다. 왜 걱정하는지, 무엇을 걱정하는지 다 아십니다. 그래서 제자들을 격려하십니다.

> 너희는 마음에 근심하지 말라 하나님을 믿으니 또 나를 믿
> 으라 요 14:1

우리 마음을 들여다보면 수많은 걱정과 염려와 근심들로 가득 차 있습니다. 많이 가진 사람은 가진 것 때문에 걱정이 많고, 가난한 사람은 궁핍으로 근심이 많습니다. 성공한 사람이든 실패한 사람이든 나름의 이유로 걱정 근심이 많습니다. 그러나 예수님은 명령하십니다.

"근심하지 말라."

그런데 어떻게 근심하지 않을 수 있습니까? 하나님을 믿을 때 근심하지 않을 수 있습니다. 예수님을 믿을 때 근심하지 않을 수 있습니다. 그렇다면 왜 우리가 근심에서 벗어나지 못합니까? 믿음에서 멀어졌기 때문입니다. 내가 믿고 있는지 안 믿고 있는지 분별하는 방법은 간단합니다. 내가 근심하는 만큼 믿지 않고 있고, 내가 안심하는 만큼 믿고 있는 것입니다.

근심이란 무엇입니까? 근심과 걱정, 염려는 다 한 가지입니다. 마음이 흔들리고 있는 상태입니다. 마음이 복잡하고 어지러운 상태입니다. 마음에 정함이 없어서 생겨나는 자연스러운 모습입니다.

믿음이 왜 중요합니까? 흔들리는 마음, 어지러운 마음, 떠내려가는 마음에 더 이상 요동하지 않고 닻을 내리듯 어딘가에 붙들리는 것이 믿음입니다. 믿음은 마음의 닻입니다. 믿음은 마음의 정함입니다. 마음이 요동치지 않는 것이 믿음입니다. 그래서 믿음은 평안입니다. 믿음 없음이 불안입니다.

사탄이 에덴동산에 와서 한 일이 대단한 게 아닙니다. 하와에게 의심을 불어넣었을 뿐입니다. "하나님은 네가 하나님처럼 되는 것을 싫어해." 이 한마디면 충분했습니다. 그렇습니다. 의심도 말 한마디에서 시작되고 믿음도 한 말씀에서 비롯됩니다. 어떤 말을 들으시겠습니까?

예수님이 믿으라고 하시는 데는 특별한 이유가 있습니다. 앞으로 닥칠 일을 염두에 두고 하신 말씀입니다. "나를 믿으라. 내가 로마 군병에게 체포되더라도 나를 믿으라. 내가 가야바 재판정에 가더라도, 빌라도 법정에 서더라도 나를 믿으라. 내가 채찍에 맞고 전신의 살점이 떨어져 나가는 참혹한 모습을 보이더라도 나를 믿으라. 내가 손발에 못이 박힌 채 십자가에서 죽음을 맞더라도 나를 믿으라"는 것입니다.

오늘날 우리와 당시 제자들의 믿음의 상황은 비교할 수 없습니다. 우리는 이미 십자가 사건의 전말과 이후 부활 사건, 그리고 제자들의 순교와 이후의 교회사를 알고 있습니다. 이렇게 다 알고 있어도 믿지 못하는 사람들이 많습니다. 하물며 예수님 당시에는 어땠겠습니까? 믿지 못하는 것이 당연하고, 믿음이 흔들리는 것이 당연합니다.

믿음은 주님이 주셔야 합니다. 내가 잘 믿어 보자고 결단하는 것으로는 믿음이 오래가지 못합니다. 그래서 믿음 없음을 고백하고 예수님께 믿음을 구해야 합니다. "믿음 없는 저를 도와주십시오." 기도는 정직하게 여기서 출발해야 합니다.

세상에서 가장 불쌍한 사람이 믿지 못하면서 믿는 체하며 사는 사람입니다. 이것은 신앙이 아니라 정치입니다. 흔히 정치는 현실이고 신앙은 이상이라고 하는데, 사실 더 깊이 들어가 보면, 잘못된 정치는 과거에 뿌리를 둔 현실 인식이고, 바른 신앙은 미래에 뿌리를 박은 현실 인식입니다. 그래서 정치의 바탕은 친구도 적도 없다는 과거적 현실 이해이고, 올곧은 신앙은 누구나 형제요 자매라는 미래적 현실 수용입니다.

예수님만
따라가면 된다

예수님은 나를 믿으라고 명령하면서 앞으로 닥칠 일들로 인해 믿음을 잃어서는 안 되는 이유를 설명해 주십니다.

> 2 내 아버지 집에 거할 곳이 많도다 그렇지 않으면 너희에게 일렀으리라 내가 너희를 위하여 거처를 예비하러 가노니 3 가서 너희를 위하여 거처를 예비하면 내가 다시 와서 너희를 내게로 영접하여 나 있는 곳에 너희도 있게 하리라
>
> 요 14:2-3

예수님께 닥칠 일이 무엇입니까? 아버지 집에 거할 일입니다. 거기서 우리를 맞아들이기 위해 거처를 마련하는 일입니다. 영원한 아버지 집으로 우리를 초청하기 위한 일입니다. 그러니 무슨 일이 일어나건 염려하지 말라 하십니다.

'거처'란 장소를 뜻합니다. 하나님의 집, 사도 요한이 계시록에 기록한 새 예루살렘 성입니다. 그런데 그냥 가는 것이 아닙니다. 예수님이 거처를 마련하고 다시 오셔야 합니다. 보혜사 성령

님을 보내 주셔야 되는 일입니다.

예수님은 목적 없이 이 땅에 오시지 않았습니다. 예수님은 이 땅에서 목적 없이 기적을 베풀지 않으셨습니다. 예수님은 이 땅에서 목적 없이 고난을 겪지 않으셨습니다. 예수님의 목적은 오직 한 가지입니다. 우리를 이 땅에 내버려두지 않고 데려가는 것입니다.

그렇다면 우리가 예수님을 믿고 따르는 이유와 목적은 무엇입니까? 여기서 오래오래 살기 위해서가 아닙니다. 여기서 잘 먹고 잘살기 위해서가 아닙니다. 우리가 예수님을 믿는 목적은 예수님이 우리를 데리러 오시는 목적과 같아야 합니다. 데리러 온 사람은 이리 가자고 하는데 따라가는 사람이 저리 가겠다고 고집부리면 어떻게 됩니까? 특공대원이 인질로 잡힌 사람을 구출하러 와서 오른쪽으로 가자 하는데 인질로 잡힌 사람이 왼쪽으로 가자 하면 어떻게 됩니까?

예수님이 우리를 데려가시겠다는 데를 바라보고 따라가야 합니다. 예수님이 바라보는 곳을 바라보아야 하고 예수님이 가는 길을 함께 가야 합니다.

내가 어디로 가는지 그 길을 너희가 아느니라 요 14:4

지금까지 예수님이 제자들에게 가르치신 것이 바로 독도법

(讀圖法)입니다. 세상 지도 읽는 법이고 목적지를 향해 곧장 가는 길입니다. 예수님은 3년간 제자들과 같이 먹고 같이 자면서 가르치셨습니다. 기적을 보여 주어 가르치셨고 사람들의 반응을 눈으로 확인하게 하면서 가르치셨습니다.

"이제 너희는 내가 어디에서 와서 어디로 가는지 그 길을 알지 않느냐."

넌지시 제자들의 속마음을 떠보십니다. 이때 도마가 정직하게 실토합니다. 도마가 엉뚱한 말도 곧잘 하고 결정적인 순간에 자리를 잘 비우지만 그래도 끝까지 예수님을 따를 수 있었던 것은 그의 솔직함 때문입니다. 다들 속으로 무슨 길을 말씀하시는 건가 의아해했을 것입니다. 이때 도마가 제자들의 궁금증을 대변합니다. 그는 의심도 많고 궁금한 것을 못 참는 성격입니다.

> 도마가 이르되 주여 주께서 어디로 가시는지 우리가 알지 못하거늘 그 길을 어찌 알겠사옵나이까 요 14:5

신앙은 정직한 만큼 자라고, 영성은 정직한 만큼 맑습니다. 신앙의 가장 큰 적은 불신이 아닙니다. 위선입니다. 영성의 가장 큰 적은 본성이 아닙니다. 거짓입니다.

제가 독일과 스페인을 여행한 적이 있는데 이 두 곳에 사는 사람들은 확실히 달랐습니다. 독일 사람들은 모르면 분명히 모른다고 말합니다. 하지만 알면 끝까지 가르쳐 줍니다. 길을 물으면 심지어 자기 차 안에서 지도를 갖고 나와 가르쳐 줍니다. 반면에 스페인 사람들은 독일 사람들보다 분명히 더 친절하고 따뜻하고 정감이 넘칩니다. 문제는 모르면서도 아는 체한다는 것입니다. 물어보지 않았어도 지나가다가 아는 척을 합니다. 나중에는 서로 가르쳐 주려다가 자기들끼리 다투는 모습도 보았습니다. 모른다고 말하면 간단한 일을 아는 체하다가 일이 복잡하게 얽힙니다. 그 때문에 허비하는 시간이 길 찾는 시간보다 더 걸립니다.

신앙은 어느 누구도 잘 모릅니다. 그래서 예수님만 따라가야 합니다. 예수님만 따라가는 길이 무엇입니까? 예수님을 가리키는 길이 성경입니다. 사람 쳐다보지 말고 사람 따라가지 말고 오직 성경만 따라가면 예수님을 만납니다. 사람을 따라가면 자칫 이단에 빠지지만 예수님을 따라가면 아버지 집에 이릅니다. 예수님은 아버지 집에 우리를 초대하기 위해 오셨고 데려가기 위해 성령님을 보내 주셨습니다.

예수님만이
길이다

예수께서 이르시되 내가 곧 길이요 진리요 생명이니 나로 예수님이 친히 "내가 길이다. 내가 진리다. 내가 생명이다. 나를 통하지 않고서는 아버지께로 올 자가 없다"고 말씀하십니다. 길이란 무엇입니까? 길은 한 장소와 다른 장소를 연결하는 통로입니다. 출발점이나 도착점이 없으면 길이 아닙니다. 반드시 길에는 출발과 도착이 있습니다.

예수님은 스스로 길이라고 하십니다. 그렇다면 이 길의 출발은 어디고 도착은 어디입니까? 출발은 땅이고 도착은 하늘입니다. 예수님은 이 땅에서 출발해 하늘 아버지의 거처에 도착할 수 있도록 하는 길입니다. 인간의 힘으로 연결할 수 없는 두 지점을 연결하는 길입니다. 그래서 예수님만이 길입니다.

예수님은 그곳에서 오셨고 그곳으로 돌아가십니다. 그 길이 되기 위해 예수님은 몸소 오셨고 어디로 가야 할지를 알려 주셨습니다. 사람은 길이 될 수 없습니다. 수많은 사람들이 사람을 따라가다가 길을 놓쳤습니다.

베드로가 성령 충만해서 유대 지도자들을 향해 담대하게 선포합니다.

다른 이로써는 구원을 받을 수 없나니 천하 사람 중에 구원을 받을 만한 다른 이름을 우리에게 주신 일이 없음이라 하

무슨 말입니까? 다른 길은 없다는 것입니다. 구원의 길, 땅에서 하늘로 가는 길은 예수님 외에 없습니다. '예수님만이 구원의 길이다'는 말을 믿지 못해서 다른 길을 찾아봐야 방황할 뿐입니다.

이 길 외에 다른 길이 있다면 그것은, 첫째, '길 없는 길'입니다. 원래 길이 아니므로 금세 담을 만나고 막다른 골목에 맞닥뜨립니다. 둘째, '길 아닌 길'입니다. 속임수로 화려한 길을 안내하지만 결국엔 절벽을 만나게 됩니다. 죽음의 길로서 알코올 중독, 마약 중독, 성 중독 등 수많은 중독이 이런 길입니다. 셋째, '길 같은 길'입니다. 가장 골치 아픈 길입니다. 학문, 예술, 이념, 사회운동 등은 혼란스럽긴 해도 정신을 차리면 분별이 가능합니다. 그런데 종교로 넘어가는 순간 매우 위험해집니다. 큰 확신을 가지고 길이라고 주장하기 때문에 위험합니다. 종교는 길 같은데 길이 아닙니다. 나중에 영혼을 요구합니다. 육신의 죽음에 비할 수 없는 영혼의 죽음이 삯입니다.

예수님은 예수님 이전의 '길 같은 길'을 가리킨 사람들을 도적이요 강도라고 하셨습니다. 그 병폐를 보십시오. 예수님 이전의 도적과 강도들뿐입니까? 예수님 이후의 도적과 강도들은 어떻습니까? 11~13세기까지 약 200년에 걸쳐 치러진 여덟 차례의 십자군 전쟁은 대체 무얼 남겼습니까? 4차 원정의 총지휘관인 엔리코 단돌로가 현재 터키 땅을 정벌하면서 얼마나 잔혹한 학살극을 벌였던지 그 땅에는 더 이상 복음이 들어서지 못했고 크리스천들조차 이슬람으로 개종했습니다.

왜 예수님만 길입니까? 오셨던 곳으로 우리를 데려가기 위해 목숨을 버린 분이기 때문입니다. 예수님은 길이 되기 위해 다른 사람들을 해하지 않았습니다. 스스로 길이라고 주장하면서 사람을 억압하고 이용하며 심지어 살해한다면 그것은 길이 아닙니다. 길 없는 길이거나 길 아닌 길일 뿐입니다. 기억하십시오. 예수님만이 길입니다.

예수라는 길은
편집이 안 된다

예수님은 길이고 진리입니다. 진리는 무엇입니까? 진리는 빛입니다. 예수님은 내 말이 너희 안에 거할 때 진리를 알게 된다고 하셨습니다.

> 31 그러므로 예수께서 자기를 믿은 유대인들에게 이르시되 너희가 내 말에 거하면 참으로 내 제자가 되고 32 진리를 알지니 진리가 너희를 자유롭게 하리라 요 8:31-32

진리가 오면 자유로워집니다. 진리 가운데 걸으면 넘어지지 않습니다. 진리가 빛이기 때문입니다. 그러나 진리 밖으로 나가는 순간 어둠에 휩싸이게 됩니다. 가룟 유다가 예수님을 배반하고 밖으로 나가는 순간 어둠에 휩싸였습니다. 베드로가 주님을 세 번 부인한 순간 그의 내면이 깊은 어둠에 잠기게 되었습니다. 베드로는 부활하신 예수님을 다시 만난 뒤 빛 가운데로 나오게 되었습니다.

예수님은 진리입니다. 예수님은 빛입니다. 예수님은 아버지께로 인도하는 빛입니다.

예수님은 길이고 진리이고 생명입니다. 그 빛이 인도하는 길을 걸을 때 우리는 영원한 생명을 얻습니다. 예수님과 동행하는 길이 곧 영생입니다.

> 너희가 나를 알았더라면 내 아버지도 알았으리로다 이제부터는 너희가 그를 알았고 또 보았느니라 요 14:7

예수님을 보았다면 하나님 아버지를 본 것입니다. 예수님을 알면 하나님을 아는 것입니다. 예수님을 만났다면 하나님을 만난 것입니다. 이것을 믿는 것이 믿음입니다. 이 말씀을 받아들이는 것이 믿음을 받는 것입니다. 내 감정이 받아들이기 어렵고, 내 이성이 해석하기 어려워도 예수님이기 때문에 그 말씀을 신뢰하는 것입니다.

'나를 본 자는 아버지를 보았다'는 말씀에도 불구하고 빌립이 떼를 씁니다.

"아버지를 보여 주십시오. 아버지를 보여 주시면 제가 속이 시원하겠습니다."

예수님이 얼마나 답답하셨을까요? 이제 곧 헤어질 텐데 제자들은 여전히 변한 것이 없습니다. 제자들만 그렇습니까? 우리는 어떻습니까? 짐 월리스(Jim Wallis)가 다음과 같이 탄식했습니다.

"크리스천들의 삶의 방식을 보면 그들은 하늘나라가 가까이 왔다고 주장하지만 그 주장을 뒷받침해 줄 삶의 변화는 찾아볼 수 없다."

저라면 여전히 변하지 않는 제자들한테 역정이 났을 텐데 예수님은 입가에 옅은 미소를 띠며 말씀하십니다.

> 9 예수께서 이르시되 빌립아 내가 이렇게 오래 너희와 함께 있으되 네가 나를 알지 못하느냐 나를 본 자는 아버지를 보았거늘 어찌하여 아버지를 보이라 하느냐 10 내가 아버지 안에 거하고 아버지는 내 안에 계신 것을 네가 믿지 아니하느냐 내가 너희에게 이르는 말은 스스로 하는 것이 아니라 아버지께서 내 안에 계셔서 그의 일을 하시는 것이라 11 내가 아버지 안에 거하고 아버지께서 내 안에 계심을 믿으라

그렇지 못하겠거든 행하는 그 일로 말미암아 나를 믿으라

요 14:9-11

저는 이 말씀이 이렇게 들립니다.

"너희들이 그렇게 오래 교회 다니고 성경을 읽었는데 아직 나를 알지 못하느냐? 내 말을 들었다면 나를 본 것인데 나를 보여 달라 하느냐. 내가 네 안에 거하고 네가 내 안에 거하고 있는 것을 네가 믿지 못하느냐? 이 사실을 믿으라. 그렇지 못하거든 내가 행한 것을 기록한 이 성경을 믿으라."

성경이 길입니다. 성경이 진리입니다. 성경이 생명입니다. 성령님이 하시는 일이 바로 이것을 믿게 하는 것입니다. 예수님이 길이요 진리요 생명임이 믿어지는 사건을 일으키시는 것입니다. 예수님이 말씀하신 이 성경이 길이요 진리요 생명임이 믿어지는 사건을 일으키시는 것입니다.

앞에서 언급한 짐 월리스가 한 가지 실험을 했습니다. 가난한 이웃을 제대로 돌보지 않는 현실을 아파하면서 성경 말씀에서 가난한 사람들에 대한 말씀을 오려 내기 시작했습니다. 많은 시간이 걸리는 작업이었습니다. 오늘날 가장 신실하다는 크리스천조차 따르기 부담스러운 말씀들을 오려 내기 시작했습니다.

레위기에서는 희년을 언급한 모든 구절이 날아갔습니다. 모든 예언서들이 너덜너덜해져서 못쓰게 되었습니다. 신약에서도

가위질할 구절이 많았습니다. 결과가 어땠겠습니까? 편집 작업이 끝나자 성경은 볼 수 없을 만큼 너덜너덜해졌습니다. 편집 작업의 최종 결과물은 구멍투성이 성경이었습니다.

그는 이 성경을 갖고 다니면서 말씀을 전했습니다. 그리고 회중들에게 성경과 가위를 들고 자기처럼 편집 작업을 해 보라고 도전했습니다.

성도들과 함께 다큐멘터리 〈제자도-제자 옥한흠〉을 본 적이 있습니다. 모두 감동을 받아서 손양원 목사님의 다큐 영화도 보자 했으나 사정이 생겨 보지 못했습니다. 그러다 밀알학교에 갔다가 100여 명의 목사들과 함께 손양원 목사님의 다큐 영화인 〈그 사람 그 사랑 그 세상〉을 보게 되었습니다. 그 영화를 보면서 생각했습니다. '성도들더러 같이 보자고 할 일이 아니었구나. 목사만 보면 되는 영화였구나. 목사만 그렇게 살면 되는 거였구나.'

세상은 복음으로만 달라집니다. 세상은 예수님이 길이요 진리요 생명이라는 선포를 전심으로 받아들인 사람들로만 달라집니다. 우리의 잘못은 알고 보니 어설픈 편집 때문이었습니다. 내가 받아들일 수 있는 것만 받아들였기 때문이었습니다. 예수라는 길은 편집이 안 됩니다. 예수라는 진리는 내 마음대로 편집이 안 됩니다. 예수라는 생명은 내 뜻대로 할 수 없습니다. 예수님은 정말 내 마음대로 안 됩니다. 부끄러운 마음으로 다음 말씀을 읽어 보십시오. 우리 가운데 누가 예수님이 하는 일을 하고 있다고 자신할 수 있으며, 누가 예수님보다 큰 일을 하고 있다고 주장하겠습니까? 그러나 부끄러운 생각을 피할 수 없는 우리 모두에게 예수님은 분명히 우리 자신이 설정한 한계를 넘어가게 하실 것임을 믿게 하십니다.

> 내가 진실로 진실로 너희에게 이르노니 나를 믿는 자는 내가 하는 일을 그도 할 것이요 또한 그보다 큰일도 하리니 이는 내가 아버지께로 감이라 요 14:12

함께 나눔

1. 예수만이 하나의 길(The way)이라고 하는 말씀이 어떻게 받아들여집니까?

2. 내가 크리스천임을 보여 주는 삶의 열매가 있습니까? 내가 예수 믿기 전과 후에 바뀐 점이 있다면 무엇입니까?

7

포도나무

예수님 말씀에 붙어 있으면 열매를 맺는다

나는 참 포도나무요
아버지는 농부다

나는 참 포도나무요 내 아버지는 농부라 요 15:1

예수님은 줄곧 하나님과의 관계를 아버지와 아들 관계로 말씀해 오셨습니다. 기도하실 때는 아버지보다 더 친밀하게 아빠라고 부르셨습니다. 제자들에게도 하나님을 '아빠'라고 부르라 하셨습니다. 기도할 때 아빠라고 부르면서 기도하는 것과 아버지라고 부르면서 기도하는 것에 큰 차이를 느낍니다.

그런데 아버지와의 관계가 좋지 않았다면 아빠라고 부르기가 힘듭니다. 아빠 앞에서 응석을 부린 기억이 없다면 아빠라고 부르기가 어렵습니다. 내가 아버지 앞에서 여전히 어리다고 생각하지 않으면 아빠라고 부르는 것이 어색합니다. 어쨌건 하나님과 인간의 관계는 아버지와 자녀의 관계입니다.

예수님은 이 표현을 통해서 인간 존재의 본질은 관계에 있음을 알려 주십니다. 존재의 본질은 일이 아니라 관계이고, 관계의 본질은 일이 아니라 사람입니다. 너무나 당연한 사실인데도 우리는 쉽게 놓치곤 합니다.

아버지 없이 태어나는 사람은 없습니다. 아버지를 기억하지 못하는 사람은 있지만 아버지 없이 이 세상에 존재할 수는 없습니다. 아버지는 근원입니다. 아버지는 뿌리입니다. 무신론자는 사실 이 뿌리를 부정하는 것입니다.

뿌리 없이 나무는 존재할 수 없습니다. 그러나 뿌리는 드러나 있지 않습니다. 뿌리가 보이지 않는다고 뿌리가 없다고 주장할 수 있습니까? 뿌리가 약한 나무는 바람에 못 견딥니다. 아름드리 큰 나무조차 뿌리가 깊지 않으면 태풍에 쓰러지는 것을 봅니다. 사람도 마찬가지입니다.

예수님은 당신 자신을 포도나무라고 선언하시고 아버지는 농부와 같은 분이라고 하십니다. 하나님과 예수님의 관계는 아버지와 아들의 관계일 뿐만 아니라 농부와 포도나무의 관계와도 같다는 것입니다. 여기 '농부'라고 번역된 단어는 원래 농사짓는 사람을 이르지만 흔히 포도원 재배자를 지칭합니다. 그러니 농부보다는 포도원 주인이 원뜻에 더 가깝습니다.

그런데 왜 하필 포도나무입니까? 소나무, 잣나무, 백향목이 아니고 왜 포도나무입니까? 유대 땅에 가장 흔한 나무이기 때문입니다. 예수님은 비유의 소재를 택할 때 당시 사람들에게 가장 익숙한 것을 사용하셨습니다. 앞에서 예수님이 자신을 소개하실 때 빛, 떡, 문, 목자, 길, 생명과 같이 누구나 알아들을 수 있는 비유를 들었습니다. 우리는 흔히 남이 못 알아듣는 이야기를 해서 잘난 척하고 싶어 하지만 예수님은 그렇지 않았습니다.

그런데 포도나무 외에도 올리브나무, 무화과나무도 이스라엘에서 흔히 볼 수 있습니다. 이 나무들은 흔히 볼 수 있다는 점과 함께 목재를 얻을 수 있는 나무가 아니라는 점에서 공통된 특징을 갖고 있습니다. 또한 목재를 얻을 수는 없지만 생활에 꼭 필요한 열매를 얻는다는 점에서 같습니다.

포도나무 하면 하늘을 향해 높이 솟은 반듯한 나무가 아니라 가지에 포도송이가 주렁주렁 매달린 포도가지를 떠올립니다. 예수님은 지금 그 이미지를 떠올리게 하시는 겁니다.

그런데 '참 포도나무'라고 합니다. 요한복음을 보면 '참'이라는 단어를 많이 씁니다. 참 빛, 참 떡, 참 포도나무⋯. '참'이란 '진실한, 신실한, 정직한'을 뜻합니다. 제대로 된, 진짜라는 뜻입니다.

가지가 열매를
맺으려면

> 무릇 내게 붙어 있어 열매를 맺지 아니하는 가지는 아버지
> 께서 그것을 제거해 버리시고 무릇 열매를 맺는 가지는 더
> 열매를 맺게 하려 하여 그것을 깨끗하게 하시느니라 요 15:2

포도나무에 열매가 없으면 농부인 아버지가 가지치기를 한
다고 합니다. 아버지의 역할, 포도 재배자의 역할은 가지치기라
는 것입니다. 가지치기의 목적은 열매가 없거나 부실한 가지를
쳐서 열매 맺는 가지에 열매가 더 맺히게 하는 것입니다. 가지치
기는 복지 개념과는 거리가 있습니다. 열매 맺는 가지나 열매 맺
지 못하는 가지나 평등해야 한다는 사회주의 이념과도 다릅니
다. 열매 맺지 못하면 가지를 제하여서 다른 가지에서 열매가 더
풍성히 맺도록 하는 것입니다.

가지와 열매는 누구입니까? 제자들과 제자들을 통해 회심할
사람들입니다. 따라서 예수님과 제자들의 관계는 나무와 가지입
니다. 예수님의 일곱 번째 자기 선언은 특별히 제자들을 염두에
둔 표현입니다. 그리고 이 말씀은 예수님의 마지막 설교의 핵심
입니다. 나는 곧 떠나지만 남아 있는 너희는 어떤 존재인가, 어떤
삶을 살아야 하는가에 대해서 말씀하고 있는 것입니다.

그렇다면 가지가 열매를 많이 맺으려면 어떻게 해야 할까요?

> 3 너희는 내가 일러준 말로 이미 깨끗하여졌으니 4 내 안에
> 거하라 나도 너희 안에 거하리라 가지가 포도나무에 붙어
> 있지 아니하면 스스로 열매를 맺을 수 없음같이 너희도 내
> 안에 있지 아니하면 그러하리라 요 15:3-4

예수님이 지난 3년간 들려준 말씀들로 인해 제자들이 이미 깨끗해졌다고 합니다. 그리고 그 말씀이 그들 안에 머물러 있다면 가지가 나무에 붙어 있는 것이므로 열매를 맺을 것이고, 그렇지 않다면 열매를 맺을 수 없다고 합니다.

"내 안에 거하라 나도 너희 안에 거하리라." 이 말씀이 나무와 가지의 비밀입니다. 나무와 가지는 불가분의 관계입니다. 나뉘지 않는 관계입니다. 아니 나뉘어선 안 되는 관계입니다. 가지가 나무를 떠나면 그것은 곧 죽음을 의미합니다.

그런데 가지가 나무에 붙어 있는 일은 대단한 것이 아닙니다. 가지는 다만 나무에 붙어 있기만 하면 그만입니다. 그러면 저절로 열매를 맺게 됩니다. 가지가 깨끗한 상태를 유지하기만 하면 열매를 더 풍성히 맺습니다.

'내 안에 거하라'는 '내 말이 너희 안에 머무르게 하라'는 말씀입니다. 가지가 나무에 붙어 있다는 것은 우리가 예수님의 말

씀에 붙어 있다는 뜻입니다. 크리스천이란 말씀의 나무에 붙어 있는 가지와 같은 존재입니다. 이 가지는 시냇가에 심은 나무의 가지와 같습니다.

> 그는 시냇가에 심은 나무가 철을 따라 열매를 맺으며 그 잎 사귀가 마르지 아니함 같으니 그가 하는 모든 일이 다 형통 하리로다 시 1:3

그는 누구입니까? 시편 1편 2절에서 그는 주야로 말씀을 묵상하는 자라고 알려 줍니다. 시냇가에 심긴 나무와 같은 이 사람이 맺는 열매는 어떤 것입니까? 바울은 철 따라 열리는 열매가 성령의 열매라고 했습니다.

> 22 오직 성령의 열매는 사랑과 희락과 화평과 오래 참음과 자비와 양선과 충성과 23 온유와 절제니 이 같은 것을 금지 할 법이 없느니라 갈 5:22-23

가지가 나무에 제대로 붙어 있으면 열매 맺는 것을 금할 수가 없습니다. 열매는 내가 맺겠다고 해서 맺는 것이 아니고 안 맺겠다고 해서 안 맺는 것이 아닙니다. 농부가 가지치기를 하고 가지들이 깨끗한 상태가 유지되면 열매는 자연적으로 맺힙니다.

가지에 열매가
없으면

19 육체의 일은 분명하니 곧 음행과 더러운 것과 호색과 20 우상 숭배와 주술과 원수 맺는 것과 분쟁과 시기와 분냄과 당 짓는 것과 분열함과 이단과 21 투기와 술 취함과 방탕함과 또 그와 같은 것들이라 전에 너희에게 경계한 것같이 경계하노니 이런 일을 하는 자들은 하나님의 나라를 유업으로 받지 못할 것이요 갈 5:19-21

열매란 알고 보면 하나님의 유업, 아버지의 유산입니다. 하나님의 유산을 받지 못하면 열매를 맺을 수 없습니다. 열매 맺지 못하는 삶은 곧 타락을 의미합니다. 타락은 죽음의 증상입니다. 이 세상에 나타나고 있는 것이 생명의 증상입니까, 죽음의 증상입니까? 이 죽음의 증상들이 왜 나타납니까? 예수님이 그 원인을 한마디로 알려 주십니다. 아무것도 할 수 없기 때문이라는 겁니다. 사람들이 보기에 열심을 다해 일하는 것 같으나 예수님이 보시기에 그것은 아무것도 하지 않는 것과 같다고 하십니다.

나는 포도나무요 너희는 가지라 그가 내 안에, 내가 그 안에 거하면 사람이 열매를 많이 맺나니 나를 떠나서는 너희가

아무것도 할 수 없음이라 요 15:5

모든 증상의 원인은 관계에서 비롯됩니다. 열매가 없는 것은 관계의 부실 때문입니다. 왜 불행합니까? 가까운 사람들과 관계가 깨져 있기 때문입니다. 왜 우리가 이만큼 먹고살게 되었는데도 사람들은 더 분노하고 더 난폭하고 더 불만이 많습니까? 관계가 깨졌기 때문입니다. 그렇다면 왜 갈수록 부부관계가 깨지고 부모와 자녀의 관계가 깨지고 이웃과의 관계가 깨지는 겁니까?

사람이 내 안에 거하지 아니하면 가지처럼 밖에 버려져 마르나니 사람들이 그것을 모아다가 불에 던져 사르느니라 요 15:6

가지가 할 일은 나무에 붙어 있는 것입니다. 인생이 할 일은 예수님 안에 거하는 것입니다. 하나님 안에서 사는 것입니다. 인간은 하나님 밖에서 살 수 없는 존재입니다. 인간은 하나님을 떠나서는 존재 자체가 불가능합니다. 그런 인간이 스스로 하나님을 부인함으로써 하나님으로부터 오는 공급을 차단하고 있습니다. 그 결과는 점점 말라 가는 것입니다. 영혼이 시들고 병들어 가는 것입니다. 이 세상을 보십시오. 어느 한 곳도 시들지 않은 곳이 있습니까? 병들지 않은 곳이 있습니까?

경제 발전을 이룩하면 모든 문제가 해결될 줄 알았습니다. 민주화가 되면 다 되는 줄 알았습니다. 그런데 원하는 대로 잘살게 되었지만 이것이 과연 잘사는 것인지 고민스럽습니다. 교회도 마찬가지입니다. 규모가 커지고 수가 많아지는 것을 부흥이라 여기며 교회에서 살다시피 했습니다. 하지만 과연 이것이 원하던 축복인지, 이것이 과연 형통의 축복인지 고민스럽습니다.

어떤 사람이 공항에서 택시를 타고는 "빨리 갑시다" 하고 운전사를 재촉했습니다. 택시기사가 빨리 달렸습니다. 승객이 한참을 가다가 묻습니다. "그런데 여기가 어디요? 왜 여기 와 있소?" 운전사가 대답합니다. "손님께서 빨리 가자고만 하셨지 어디로 가자고 하지 않으셨습니다."

무엇이 정말 잘사는 것인지, 어떻게 되는 것이 정말 잘되는 것인지 모른 채 열심히 달린 결과가 오늘 우리가 당면한 현실입니다. 왜 공부해야 하는지도 모르는 아이들에게 공부 잘하라고 다그치고, 왜 일해야 하는지도 모르는 사람들에게 열심히 돈 버는 게 잘사는 길이라고 채근합니다. 권력으로 무엇을 해야 하는지도 모르는 사람들이 권력을 좇습니다. 그것이 출세이고 성공이라고 주입한 까닭입니다.

세상에 대해 이 말 저 말 할 것도 없습니다. 교회도 그렇고 믿는 사람들도 그렇습니다. 저는 설교 시간에 걸핏하면 주차 잘하자, 화장실 깨끗이 쓰자고 말하는데, 그것이 우리 크리스천의 수

준을 말해 주는 것이라 그렇습니다. 지금과 같은 수준으로는 교회가 세상의 희망이 될 수 없기 때문에 그렇습니다. 기본이 안 되면 아무 것도 될 수 없습니다. 기초가 부실하면 높이 쌓을수록 위태롭습니다. 무너질 때 피해만 커집니다.

좀 지나친 표현인지는 모르겠으나, 교회가 민족과 나라의 수준을 결정합니다. 신앙이 민족의 수준을 결정합니다. 배부르게 먹고 살려면 돈 벌면 되지만 바르게 살려면 교육을 받아야 하고, 정말 잘살려면 바른 신앙을 가져야 합니다. 예수님은 우리가 진정으로 잘살 수 있는 모형입니다. 바른 신앙의 원천입니다. 참 교회의 머리이십니다. 참 포도나무입니다. 우리가 제대로 열매 맺도록 하시는 분입니다.

많은 사람들이 성경이 말하는 열매를 열매로 인정하지 않습니다. 인생의 열매는 그런 것이 아니라고 말합니다. 하지만 예수님은 출세와 성공, 부자 등 세상이 말하는 열매를 맺은 가지는 마른 가지라고 말씀하십니다. 마른 가지는 농부가 가지치기를 해서 불쏘시개로 사용한다고 말씀하십니다. 뿌리가 약해서 죽은 나무, 나무는 자랐는데 말라 버린 가지는 모아다가 화로에서 태워집니다.

가지의 생명은 나무에 있고 나무의 생명은 뿌리에 있습니다. 사람의 생명은 예수님께 있고 이 땅에 오신 예수님의 생명은 하나님 아버지께 있습니다. 예수님이 이 땅에 오신 목적은 우리에게 생명을 주기 위해서입니다.

> 도둑이 오는 것은 도둑질하고 죽이고 멸망시키려는 것뿐이
> 요 내가 온 것은 양으로 생명을 얻게 하고 더 풍성히 얻게
> 하려는 것이라 요 10:10

예수님이 '나는 선한 목자'라고 하신 까닭은 양들이 생명을 얻되 더 풍성하게, 더 넘치게 얻도록 하기 위함입니다. 사람들이 더 풍성한 생명을 얻도록 하는 것을 생의 목적으로 삼는 사람은 세상에 없습니다. 영원한 생명을 주겠다고 약속할 수 있는 사람도 없습니다. 오히려 내 목숨을 바쳐서 일해야 그 대가를 지급받을 수 있는 곳이 세상입니다. 목숨을 바쳐 충성해야 자리를 얻는 곳입니다. 그렇게 일하다가도 나보다 더 목숨 바치겠다는 사람이 나타나면 한순간에 버림받는 곳이 세상입니다. 이 쓴맛을 모른다면 세상을 아직 모르는 것입니다.

교회는 조직적으로 일하기 위해 모인 집단이 아닙니다. 교회는 조직이 아닙니다. 교회는 어떤 일이 있어도 조직에 갇혀서는 안 됩니다. 그래서 교회는 일 중심이 아닙니다.

오직 예수님만이 생명을 주실 수 있는 분이고 더 풍성히 주시는 분입니다. 사람은 주면 돌려받기를 원하지만, 예수님은 주시는 것 외에 다른 관심이 없습니다. 그리고 많이 받은 사람이

많이 주는 사람이 되도록 하십시오. 주는 사람, 베푸는 사람이 결국 열매 맺는 사람입니다.

가지가 구할 것은
열매뿐

포도나무 가지에 열매가 주렁주렁 달렸습니다. 그러면 가지가 상을 받습니까? 아닙니다. 가지에 열매를 맺힌 원천은 뿌리에 있으며 나무에 있습니다. 열매가 되도록 물과 자양분을 공급한 것은 뿌리이며 나무입니다. 가지는 다만 나무에 붙어 있었을 뿐 다른 일을 한 것이 없습니다.

예수님은 누구입니까? 포도나무입니다. 제자는 누구입니까? 가지입니다. 가지의 목적은 무엇입니까? 열매 맺는 것입니다. 가지의 소원은 무엇입니까? 열매 맺는 것입니다. 포도원 주인의 소원이나 포도나무의 소원이나 포도나무 가지의 소원이나 열매 맺는 것 외에 다른 것이 없습니다. 그래서 예수님은 너희가 원하는 대로 구하라고 하십니다.

> 너희가 내 안에 거하고 내 말이 너희 안에 거하면 무엇이든지 원하는 대로 구하라 그리하면 이루리라 요 15:7

무엇이든지 구하라 하니까 포도나무 가지가 '포도는 이제 지굿지굿하다. 사과나 배 좀 열리게 해 달라'고 구할 수 있습니까? 또 열매 달고 있는 게 힘드니 나무나 뿌리가 되겠다고 할 수 있습니까?

우리가 흔히 하는 잘못이 말씀을 내 입맛에 맞게 편집하는 것입니다. '무엇이든 구하라' 했으니까 아무거나 구하면 됩니까? 아닙니다. 이 말씀 전에 전제가 된 말씀이 있습니다. 바로 '너희가 내 안에 거하고 내 말이 너희 안에 거하면'입니다.

베이직교회가 기도 제목은 나중에 나누고 먼저 말씀만 읽기로 한 것은 기도할 때를 알기 위해서입니다. 말씀이 기도 제목을 결정할 때까지 기다리기 위해서입니다. 다들 급한 기도 제목이 있습니다. 물론 기도해야 하고 기도했습니다. 그러나 성도들 간에 나누지 않고 먼저 아버지께 알렸습니다. 응급 환자는 응급실로 가야지 곧장 병실로 가지 않습니다. 정말로 다급한 일은 도움을 줄 아빠에게 가야지 형들이나 친구에게 먼저 가지 않습니다.

다급한 기도 제목이 아니라면 언제 누구한테 상의할 것인지 시간을 두고 기다려야 합니다. 그 기준은 무엇입니까? 크리스천의 기준은 그리스도입니다. 성도의 기준은 성경입니다.

가지가 구할 것은 열매 맺는 것입니다. 포도원 주인이나 나무도 열매 맺는 것이 소원입니다. 그러므로 신앙생활에서 우리가 가장 먼저 알아야 할 것은 하나님의 계획과 뜻입니다. 가지가 할 일은 나무가 전해 준 하나님의 뜻과 계획을 잘 받아서 깨끗함과 건강함을 유지하고 그것이 잘 흘러가도록 하는 것입니다. 하나님의 뜻과 계획이 흘러가는 데 걸림돌이 되지 않도록 하는 것입니다.

얼마 전 백화점에 갔다가 식당 주인으로부터 백화점이 식당을 얼마나 철저하게 관리하고 있는지에 대해 몇 가지 사실을 듣게 되었습니다. 어느 한 점포라도 사고가 나면 그것이 백화점 전체에 영향을 미치기 때문에 수시로 점검을 한다는 것입니다. 그 이야기를 들으며 교회도 이와 같다는 생각을 했습니다. 목사 한 사람, 성도 한 사람의 실수는 교회 전체에 영향을 미칩니다. 절대로 한 사람의 일로 끝나지 않습니다.

백화점 주인도 식당 하나를 그냥 두지 않는데 하나님 아버지가 그냥 넘어가시겠습니까? 우리가 고칠 때까지, 돌이킬 때까지, 회개하고 회복될 때까지 가지치기를 하시지 않겠습니까? 우리가 내 뜻이 아니라 아버지 뜻에 따른 열매를 맺을 때까지 아프더라도 마른 가지는 쳐 내고 깨끗하게 하지 않겠습니까? 다만 하나님 아버지는 오래 참으시며 돌이키면 언제든지 용서하십니다. 그러나 그냥 넘어갈 것이라고 착각해선 안 됩니다.

> 너희가 열매를 많이 맺으면 내 아버지께서 영광을 받으실 것이요 너희는 내 제자가 되리라 요 15:8

드디어 가지가 열매를 많이 맺었습니다. 포도나무 가지에 열매가 탐스럽게 열렸습니다. 누가 영광을 받아야 합니까? 예수님께서 우리가 정신 잃지 않도록 단단히 못을 박습니다. "내 아버지께서 영광을 받으실 것이다."

영광은 포도 열매에 있지 않습니다. 영광은 포도나무 가지가 아니라 포도원 주인에게 있습니다. 요즘은 과일이건 차건 포장지에 주인의 이름을 적습니다. 예전엔 농원 이름만 적었는데 요즘은 농장 주인의 이름과 심지어 사인까지 적시합니다. 누가 영광을 받습니까? 과일입니까? 아닙니다. 주인입니다. 열매는 곧 사람들 입 속으로 사라질 것입니다.

그러나 가지는 제 소명을 다했습니다. 그렇게 소명을 다하는 사람을 예수님은 제자라고 불러 주십니다. 요한복음은 어떻게 제자가 될 수 있는지를 분명하게 알려 주십니다.

그러므로 예수께서 자기를 믿은 유대인들에게 이르시되 너희가 내 말에 거하면 참으로 내 제자가 되고 요 8:31

너희가 서로 사랑하면 이로써 모든 사람이 너희가 내 제자인 줄 알리라 요 13:35

너희가 열매를 많이 맺으면 내 아버지께서 영광을 받으실

것이요 너희는 내 제자가 되리라 요 15:8

예수님은 누구입니까? 제자를 원하시는 분입니다. 제자를 삼는 분입니다. 제자를 깨끗하게 하시는 분입니다. 제자가 제자를 낳게 하시는 분입니다. 제자를 얼마나 낳게 하십니까? 욕심 부리지 않도록 우리 사이즈에 맞게 열두 제자를 삼으셨습니다. 그리고 알려 주십니다. 그중에서 '한 사람은 반드시 배신할 거야. 그 사람이 너를 팔 거야.' 그러나 기뻐하십시오. 제자들의 열매를 보십시오. 아버지의 영광을 보십시오. 그 영광의 빛을 따라 가십시오. 그 영광의 빛 안에 거하십시오.

함께 나눔

1. 예수님은 출세와 성공, 부자 등 세상이 말하는 열매를 맺는 가지는 마른 가지라고 말씀하십니다. 내가 붙든 마른 가지는 무엇입니까? 그것이 성령의 열매가 아닌데도 집착하는 이유가 무엇입니까?

2. 어떻게 해야 제자가 될 수 있는지 요한복음 말씀(요 8:31, 13:35, 15:8)의 핵심 문구를 적고 다시 한번 묵상해 보십시오.

8

내가 그라
예수님은 하나님이다

같은 말이라도 누가 하느냐에 따라 그 말의 무게와 가치가 너무나 달라집니다. 가령 제가 힘들고 어려운 이웃을 찾아가 "반드시 이곳을 바꾸어 놓겠습니다"라고 말했다면 동네 사람들이 수군거릴 것입니다. "저 사람이 누군데 뭘 바꾸겠다는 거야?" 하지만 시장이나 총리가 말했다면, 심지어 대통령이 말했다면 그 말을 굳게 믿을 것이고 몹시 기대할 것입니다.

마찬가지로 제가 "성도님, 사랑합니다" 하면 '갑자기 왜 저러나' 하고 의심하는 사람도 있을 것입니다. 하지만 예수님이 말씀하셨다면 감동의 물결이 밀려와서 어쩔 줄 모를 것입니다.

어떤 사람이 일본 도심에서 전도하면서 "하나님께서 당신을 사랑하십니다" 했더니 이 한 마디에 눈물을 흘리며 "제 평생에 누군가 저를 사랑한다는 이야기를 처음 듣습니다"라고 감격했다고 합니다. 왜 이런 반응이 나타납니까? 하나님이 사랑이시기 때문입니다. 그 사랑이 진짜이기 때문입니다. '하나님이 나 같은 사람도 사랑하신다'가 복음입니다.

요한이 주목한
한 가지

'예수는 누구인가?'라는 질문에 대해 지금까지 일곱 가지로 살펴보았습니다. 이제 마지막 여덟 번째는 '나다' 혹은 '나는 나다'입니다. 그런데 이것은 하나님이 모세에게 자신의 이름을 가르쳐 주실 때 하신 표현입니다. 한글로는 '나는 스스로 있는 자다'라고 번역했습니다.

만일 누군가 제게 "당신 이름이 무엇입니까?" 물었을 때 "나는 납니다, 나는 스스로 있는 자입니다"라고 대답한다면 저를 제 정신이 아니라고 생각할 것입니다. 하지만 하나님께서 이렇게 대답하시면 우리는 '하나님은 이름을 물을 수 없는 분이구나'라고 깨닫습니다. 하나님이기 때문에 이 대답이 이해됩니다.

이름이 없다는 것은 존재를 규정할 수 없다는 뜻입니다. 존재가 제한 받지 않는다는 뜻입니다. 그를 만든 사람이 없다는 뜻입

니다. 누구의 소유이거나 어떤 기능과 목적에 한정되지 않는다
는 뜻입니다.

예수님은 자신을 '나다'라고 소개함으로써 하나님의 이 이름
을 사용하고 있습니다. 그런데 이 이름에 대해 사도 요한이 유독
주목하고 있습니다. 물론 마태복음을 제외하고 마가복음과 누가
복음에도 이 표현이 나옵니다.

> 많은 사람이 내 이름으로 와서 이르되 내가 그라 하여 많은
> 사람을 미혹하리라 막 13:6

> 예수께서 이르시되 내가 그니라 인자가 권능자의 우편에
> 앉은 것과 하늘 구름을 타고 오는 것을 너희가 보리라 하시
> 니 막 14:62

> 이르시되 미혹을 받지 않도록 주의하라 많은 사람이 내 이
> 름으로 와서 이르되 내가 그라 하며 때가 가까이 왔다 하겠
> 으나 그들을 따르지 말라 눅 21:8

> 다 이르되 그러면 네가 하나님의 아들이냐 대답하시되 너
> 희들이 내가 그라고 말하고 있느니라 눅 22:70

각 말씀의 앞뒤를 살펴보면 헬라어 원문 '에고 에이미'(=I AM)를 말씀 그대로 번역하기가 쉽지 않다는 것을 알 수 있습니다. 그래서 대다수 영어성경은 'I AM'을 모두 대문자로 쓰거나 'I am he' 또는 'I am He'라고 번역했습니다. 반면 NIV는 'I am the one I claim to be'라는 길고 복잡한 번역을 해놓았습니다. 풀이하면 '내가 주장하는 나'인데 오히려 뜻이 혼란스럽습니다. 그래서 NLT 번역은 그냥 'I AM the Messiah'라고 분명하게 그 뜻을 밝혀 놓았습니다. 한글성경은 '내가 그라'로 번역했습니다.

그런데 여기서 한 가지 궁금한 것이 있습니다. 왜 사도 요한은 이 표현에 그토록 주목한 걸까요? 요한이 만약 마태, 마가, 누가의 공관복음과 대동소이한 복음서를 쓰고자 했다면 이 표현을 그렇게 부각하지 않았을 것입니다. 그러나 요한은 '예수가 대체 누구인가'라는 사람들의 질문에 보다 분명하게 대답해야 할 의무감을 느꼈던 것 같습니다.

요한은 이미 순교한 제자들보다 훨씬 더 오래 살았습니다. 따라서 예수님을 가장 오래 그리고 가장 많이 묵상한 사도입니다. 그는 예수님의 어머니 마리아를 모시면서 예수님에 대해 누구도 알지 못하는 많은 이야기들을 들었을 것입니다. 그 대표적인 예가 가나의 혼인잔치에서 물이 포도주가 된 사건입니다. 그는 이 사건을 예수님이 베푼 7가지 대표적인 기적의 첫 순서에 올렸습니다. 요한은 예수님이 유대인의 왕으로 오셨다, 또는 종의 모습으로 오셨다, 인간으로 오셨다는 다른 사도들의 관점보다는 예수님은 이 땅에 하나님으로 오셨다는 점을 뚜렷하게 그리고 분명하게 부각하고자 했습니다.

요한은 만년의 어느 주일에 환상을 통해 완성된 하나님 나라를 보았습니다. 새 예루살렘 성을 보았고 그곳에 성부 하나님과 함께 계신 성자 예수님도 보았습니다. 요한이 자세히 보니 새 예루살렘 성에는 성전이 없었습니다. 예수님이 곧 성전이기 때문입니다. 금촛대 사이로 움직이는 예수님의 모습을 그는 이렇게 전합니다.

> 14 그의 머리와 털의 희기가 흰 양털 같고 눈 같으며 그의 눈은 불꽃 같고 15 그의 발은 풀무불에 단련한 빛난 주석 같고 그의 음성은 많은 물소리와 같으며 16 그의 오른손에 일곱 별이 있고 그의 입에서 좌우에 날선 검이 나오고 그 얼굴은 해가 힘 있게 비치는 것 같더라 계 1:14-16

요한은 예수님이 하나님임을 믿었고 보았고 전했습니다. 누구보다 예수님이 누구인지를 정확히 알았기에 요한의 관심은 예수님이 하나님임을 전하는 데 있었습니다. 요한복음에 그의 관점이 일관되게 투영되어 있습니다.

요한은 어느 순간 깨닫고 보니 예수님이 시종일관 자신이 누구인지를 말씀하셨음을 알았습니다. 오병이어의 기적을 베푼 뒤 자신을 왜 '생명의 떡'이라 하셨는지가 깨달아졌습니다. 그러고 보니 예수님이 베푸신 기적은 하나님이 어떤 분인지를 직접 눈으로 보고 깨닫게 하신 것이었습니다. 또 예수님의 자기 선언은 하나님이 어떤 분인지를 선포하신 것이었습니다.

요한은 마치 퍼즐 조각을 맞추듯 일곱 가지 기적과 일곱 번의 자기 선언을 씨줄과 날줄로 엮었습니다. 완성된 조각의 그림은 예수님이 하나님임을 알려 주는 것이었습니다. 그리고 예수님은 십자가를 지신 후에 성령님으로 오셔서 영원히 함께하신다는 것을 알았습니다.

'나는 나다'에
의도된 뜻

요한은 이 모든 것을 알고 나서 그리고 아마도 앞서 세 권의 복음서를 다 읽고 나서 네 번째 복음서를 기록했을 것입니다. 그래서 요한은 유대인들이 그토록 기다리던 메시아를 뜻하는 '인자'라는 표현보다 출애굽기에 나타난 하나님께서 친히 선언하신 '나는 나다'라는 표현을 더 많이 썼습니다. 요한복음을 보면 인자 즉 'Son of Man'은 16번, I AM은 22번 나옵니다.

요한복음에서 첫 번째 등장하는 '나는 나다'라는 하나님의 자기 선언은 사마리아 여인과 대화할 때입니다.

> 여자가 이르되 메시야 곧 그리스도라 하는 이가 오실 줄을
> 내가 아노니 그가 오시면 모든 것을 우리에게 알려 주시리
> 이다 요 4:25

아마도 사마리아 여인은 '메시야'라고만 말했을 것입니다. 하지만 요한이 이 대화를 옮기면서 메시아의 헬라식 표현인 '크리스토스'를 덧붙였습니다.

"메시아 곧 그리스도가 오시면 모든 것을 알게 될 것입니다."

이때 예수님이 "나다"라고 대답하십니다. NIV 번역은 "I am he"이고 NLT 번역은 "I AM the Messiah", 한글번역은 "내가 그라"입니다. 예수님이 스스로 메시아임을 시인한 이 대답은 요한이 바로 이 복음서를 읽는 다음 세대들이 처음부터 예수는 '하나님이다'로 알아듣기를 의도한 표현입니다.

두 번째 '나는 나다'는 간음한 여인이 떠난 뒤 바리새인과 대화하면서 하셨습니다. 너희가 '나는 나다'라는 것을 믿지 않으면 죄 가운데 죽을 것이라고 하십니다.

> 그러므로 내가 너희에게 말하기를 너희가 너희 죄 가운데
> 서 죽으리라 하였노라 너희가 만일 내가 그인 줄 믿지 아니
> 하면 너희 죄 가운데서 죽으리라 요 8:24

세 번째 '나는 나다'는 도통 말을 알아듣지 못하는 유대인들에게 내가 십자가를 지고 나서야 '나는 나다' 즉 내가 하나님임을 알게 될 것이라는 말씀을 하실 때 나옵니다.

> 이에 예수께서 이르시되 너희가 인자를 든 후에 내가 그인 줄을 알고 또 내가 스스로 아무것도 하지 아니하고 오직 아버지께서 가르치신 대로 이런 것을 말하는 줄도 알리라
> 요 8:28

네 번째 '나는 나다'는 최후의 만찬 때 제자들에게 밝히 말씀하십니다.

> 지금부터 일이 일어나기 전에 미리 너희에게 일러둠은 일이 일어날 때에 내가 그인 줄 너희가 믿게 하려 함이로라
> 요 13:19

내가 십자가를 지고 나서 일어날 일들을 미리 이야기해 두는 것은, 오직 한 가지 목적 때문인데, 그것은 '나다' '나는 나다', 곧 '나는 하나님이다'는 사실을 믿게 하려는 것이라고 말씀하십니다.

이제 마지막 '나는 나다'는 요한복음 18장에 나옵니다.

1 예수께서 이 말씀을 하시고 제자들과 함께 기드론 시내 건너편으로 나가시니 그곳에 동산이 있는데 제자들과 함께 들어가시니라 2 그곳은 가끔 예수께서 제자들과 모이시는 곳이므로 예수를 파는 유다도 그곳을 알더라 3 유다가 군대와 대제사장들과 바리새인들에게서 얻은 아랫사람들을 데리고 등과 횃불과 무기를 가지고 그리로 오는지라 4 예수께서 그 당할 일을 다 아시고 나아가 이르시되 너희가 누구를 찾느냐 5 대답하되 나사렛 예수라 하거늘 이르시되 내가 그니라 하시니라 그를 파는 유다도 그들과 함께 섰더라

요 18:1-5

드디어 예수님이 체포됩니다. 가룟 유다가 함께 왔습니다. 예수님은 다 알면서도 유다가 데려온 사람들에게 묻습니다.

"너희가 누구를 찾느냐?"

"예수다."

이때 예수님이 대답하십니다.

"나다."

문법적으로 정확한 표현입니다. '내가 예수다'란 뜻입니다.

그러나 사도 요한은 이 표현을 통해 우리에게 예수님이 누구인지를 알려 주고 있습니다. "나는 나다" "나는 스스로 있는 자니라" 즉 '나는 하나님이다'를 선포하고 계심을 의도적으로 강조하

고 있는 것입니다.

> 이를 내게서 빼앗는 자가 있는 것이 아니라 내가 스스로 버
> 리노라 나는 버릴 권세도 있고 다시 얻을 권세도 있으니 이
> 계명은 내 아버지에게서 받았노라 하시니라 요 10:18

　요한은 이 말씀을 통해 예수님이 유다의 배신과 대제사장의
하인들과 로마 군인들의 무력에 의해 십자가로 끌려가는 것이
아님을 드러내고 있습니다. 예수님의 말씀대로 스스로 있는 자
가 스스로의 결정에 따라 스스로 십자가를 향해 걷는 것임을 전
하고 있습니다.
　요한은 요한복음에서 '에고 에이미'라는 헬라어를 스무 번 이
상 반복해서 사용하면서 예수님은 하나님이시다, 하나님이 지금
하나님 스스로의 결정에 따라 십자가를 지신다는 것을 강조했습
니다. 예수님이 선언하신 것처럼 진실로 그분은 섬김을 받으러
오신 것이 아니라 섬기러 오셨고 많은 사람들의 대속물, 속죄제
물로 오셨기에 십자가는 곧 하나님이 하나님 되심을 포기한 사
건이었습니다.

예수님은
하나님이다

우리는 왜 예수님이 '나는 나다'라고 말씀하신 것을 이해해야 할까요? 여기서부터 신앙의 기초가 세워지기 때문입니다. 만일 우리가 예수님이 하나님임을 부인하거나 미심쩍어 한다면 예수님은 믿음의 대상이 되지 못합니다. 만약 예수님을 하나님으로 부르는 것이 혼란스럽고, 성부 하나님 성자 하나님 성령 하나님의 삼위일체를 이해하지 못한다면, 유대교나 이슬람교의 교인들이 하나님을 믿지만 예수님을 부인하는 것과 다를 바가 없습니다. 더구나 예수님을 나의 주, 나의 하나님으로 고백할 수 없다면 절대로 예수님의 지체로서 진정한 교회가 될 수 없습니다.

예수님이 하나님임을 분명히 아는 일이야말로 신앙의 유일한 기초입니다. 이것을 알면 가톨릭교회가 왜 비성경적인지, 왜 마리아를 예수님처럼 숭배해선 안 되는지, 왜 종교 개혁 이후 우후죽순처럼 생겨난 수많은 교단과 교파의 교회들이 시간이 지나면서 예수님과 상관없어지는지를 확연히 알게 됩니다. 무엇보다 예수님이 스스로 하나님임을 그토록 많이 말씀하셨다는 것을 알게 되면, 예수님을 하나님으로 믿든지 안 믿든지 둘 중 하나의 길만 있을 뿐 중간지대는 없다는 것을 깨닫게 됩니다. 인간 예수로 족하다든지 예수님의 주옥같은 말씀이면 됐다든지 심지어 가장 진화한 인간이 예수님이라는 주장 같은 것들이 얼마나 예수님의 본질과 거리가 먼지를 분별하게 됩니다.

사도 바울은 예수님을 직접 만나고 나서야 그 사실을 깨달았습니다.

"사울아, 사울아, 왜 네가 나를 박해하느냐?"

"주여, 누구십니까?"

"나는 네가 박해하는 예수라."

바울은 예수님의 음성을 듣고 나서 두 가지 사실을 깨달았습니다. '예수님이 하나님이시구나'와 '내가 하나님을 대적했구나'입니다. 그는 이 사실을 깨닫고 완전히 고꾸라졌습니다. 바울은 나중에 이렇게 고백합니다.

> 6 그는 근본 하나님의 본체시나 하나님과 동등됨을 취할 것으로 여기지 아니하시고 7 오히려 자기를 비워 종의 형체를 가지사 사람들과 같이 되셨고 8 사람의 모양으로 나타나사 자기를 낮추시고 죽기까지 복종하셨으니 곧 십자가에 죽으심이라 빌 2:6-8

바울은 비로소 예수님이 하나님이라는 사실과, 예수님의 사람 되심은 하나님의 하나님 되심의 포기라는 사실에 눈을 떴습니다. 그는 하나님의 하나님 되심의 포기를 '비움'으로 표현하고 있습니다. 이후로 예수님을 따른다는 것은 케노시스, 즉 자기 비움, 자기 포기, 권리 포기, 내려놓음으로 받아들입니다. 신학적으로는 이 비움을 성육신의 개념을 설명하는 데 쓰고 있지만 실은 십자가에 더 적합한 개념입니다. 그래서 바울은 케노시스란 자기를 낮추되 죽음의 자리까지 낮추고 끝내 십자가에서 맞는 죽음에 이르는 것으로 받아들였습니다.

예수님을 안다는 것은 이렇듯 두려운 일입니다. 예수님을 하나님으로 안다는 것은 참으로 두려운 일입니다. 무엇보다 하나님이신 예수님의 사랑을 안다는 것은 두렵고 떨리는 일입니다. 누구든지 그분 앞에 서면 바울처럼 죽은 자같이 엎드러지게 됩니다. 사도 요한이 그걸 알리고 싶었습니다.

> 예수께서 그들에게 내가 그니라 하실 때에 그들이 물러가서 땅에 엎드러지는지라 요 18:6

예수님이 '나다' '나는 나다'라고 하셨을 때 예수님을 잡으러 왔던 자들이 뒤로 물러서더니 엎드러졌다고 합니다. 가령 수사관이 체포영장을 가지고서 저를 잡으러 왔다고 합시다.

"누가 조정민이오?"

"나다."

어느 수사관이 놀라서 넘어지겠습니까? 그러므로 이 표현 역시 요한이 예수님이 누구인지를 알리고자 한 표현입니다. 그는 반복해서 이 장면을 기록합니다.

> 7 이에 다시 누구를 찾느냐고 물으신대 그들이 말하되 나사
> 렛 예수라 하거늘 8 예수께서 대답하시되 너희에게 내가 그
> 니라 하였으니 나를 찾거든 이 사람들이 가는 것은 용납하
> 라 하시니 9 이는 아버지께서 내게 주신 자 중에서 하나도
> 잃지 아니하였사옵나이다 하신 말씀을 응하게 하려 함이러
> 라 요 18:7-9

우리는 마지막 이 장면을 다른 복음서를 통해 조금 더 구체
적으로 알 수 있습니다.

예수님이 위기에 처했음을 직감한 베드로가 순간적으로 칼을
뽑아 말고의 귀를 잘랐습니다. 그러자 예수님이 베드로더러 칼을
칼집에 도로 넣으라면서 칼을 가지는 자는 칼로 망할 것이라고
경고하십니다. 그러고는 말고의 귀를 붙여 주셨습니다.

예수님이 만약 권력을 추구하신 분이라면 어떻게 하셨을까
요? 끝까지 저항했을 것입니다. 애초부터 예루살렘으로 올라가
지 않고 불만 세력이 많은 외곽이나 지방에서 소요를 책동했겠
지요. 사람들을 방패막이로 삼았을 것입니다. 기억하십시오. 권
력은 다른 누구를 위해서가 아니라 자기자신을 위해 필요한 것
이고, 권력을 추구하는 사람들은 자신을 지키기 위해 다른 사람

들이 필요한 것입니다. 물론 그들이 내세우는 주장과 명분의 논지는 이와 정반대입니다.

예수님께
직접 들으라

예수님은 하나님이십니다. 하나님은 어떤 분입니까? 끝까지 자기 백성을 지키시는 분입니다. 단 한 사람도 잃지 않으려고 하시는 분입니다. 다 구원하기를 원하시는 분입니다.

"나는 나다. 나를 찾았으니 내 제자들은 모두 보내라."

어려움에 처하면 물귀신처럼 다른 사람을 물고 늘어지는 사람이 있습니다. 그야말로 귀신 같은 사람입니다. 귀신의 특징은 남의 약점을 잡고, 남의 상처를 찌르고, 다른 사람들을 끌고 들어와 어려움에 처하게 합니다. 비록 남의 잘못을 대신 뒤집어쓰지는 못할망정, 자기 잘못으로 다른 사람까지 힘들게 하지 마십시오. 무고한 사람을 끌어들여 어려움에 빠뜨리지 마십시오.

어려움에 처했을 때 우리가 할 일은 하나님께 맡기는 것입니다. 하나님께 맡기면 하나님께서 천사를 반드시 보내 주셔서 도와주십니다. 어떡하든 내 힘으로 해결하려 할수록 문제가 심각해집니다. 내가 나서면 빨리 해결될 것 같지만 더 얽히고설켜서 오래 갑니다. 죽은 듯이 있으면 누군가 와서 꺼내 줍니다. 그래서 지나고 보면 기도의 자리가 가장 큰 도움의 자리입니다. 기도의 자리가 가장 빠른 해결의 자리입니다.

회사에 가면 사장을 아는 것이 제일입니다. 청와대에 가면 대통령을 아는 것이 제일입니다. 신앙의 길을 떠났다면 예수님을 아는 것이 제일입니다. 사실 그것이 전부입니다. 예수님은 다른 사람을 중간에 내세워 찾아오지 말라고 하십니다. 그 중간에 끼어든 사람들이야말로 도적이고 강도라고 하십니다.

하나님은 사람의 소개로 알 수 있는 분이 아닙니다. 사람의 소개를 받으면 그 사람의 하나님입니다. 자칫하면 그 사람 수준의 하나님이고 그 사람 경험에 갇힌 하나님입니다. 하나님께서 왜 아브라함의 하나님, 이삭의 하나님, 야곱의 하나님이라고 했겠습니까? 우리 각 사람을 직접 만나 주시는 분이기 때문입니다.

하나님은 '너희는 간절히 찾으라, 내가 만나 주리라' 약속하십니다. '너희는 내게 부르짖으라, 네가 알지 못하는 크고 비밀한 일을 보게 되리라' 약속하십니다. 예수님을 부르십시오. 예수님을 만나십시오. 성령님께 예수님을 알게 해달라고 부탁하십시오.

예수님은 누구입니까? 예수님께 물으십시오. 그리고 예수님께 직접 들으십시오. 그리고 예수님 안에서 자유하십시오. 더 이상 종교인 노릇 하지 마십시오. 다른 사람을 종교의 틀 안에 가두려 하지도 마십시오. 교회 다니는 교인이 되지 말고 예수님이 머리가 되신 바로 그 교회가 되십시오.

예수님은 우리가 어느 교회 다니는지 묻지 않으십니다. 교회에서 무슨 직분 받았는지 묻지 않으십니다. 교회가 어느 교단 소속인지 묻지 않으십니다. 예수님의 질문은 오직 한 가지입니다. "네가 나를 아느냐?" 그러므로 예수님을 힘써 알아 가십시오.

예수님을 아는 것이 영생입니다. 예수님을 알면 예수님을 사랑할 수밖에 없습니다. 예수님을 사랑하면 계명을 지킬 수밖에 없습니다.

예수님은 친히 자신을 밝히 알려 주셨습니다. '나는 생명의 빵이다, 나는 세상의 빛이다, 나는 양들의 문이다, 나는 선한 목자다, 나는 부활이요 생명이다, 나는 길이요 진리요 생명이다, 나는 포도나무다, 그리고 나는 나다. 내가 하나님이다.' 이 여덟 가지 소개를 한마디로 요약하면 '예수님은 하나님이다'입니다.

> 예수께서 이르시되 진실로 진실로 너희에게 이르노니 아브라함이 나기 전부터 내가 있느니라 하시니 요 8:58

예수님은 4천 년 전에도 계셨고 2천 년 전에도 계셨고 지금도 계십니다. 예수님은 영원에서 영원까지 계신 분입니다. 예수님은 하나님이기 때문입니다.

1. 바울은 예수님을 따르는 것을 자기 비움, 자기 포기, 내려놓음으로 받아들였습니다. 내가 예수를 믿고 포기한 권리는 무엇입니까? 예수를 따르기 위해 내려놓아야 할 것은 무엇입니까?

2. 8가지 키워드를 통해 예수님이 누구인지를 알아보았습니다. 교회 다니는 교인이 아니라 예수님을 사랑하기에 예수님 말씀대로 사는 제자가 되기로 결단합니까?